Zu diesem Buch

«Den meisten, die mit dem Namen Volker Kriegel überhaupt etwas verbinden, dürfte vor allem Jazz, besonders das ‹Mild Maniac Orchestra› einfallen. Nur wenige (ich meine: noch zu wenige) wissen, daß der Gitarrist Volker Kriegel auch ein wunderbarer Geschichtenerzähler und ein witziger Zeichner ist. Das Buch ‹Der Rock 'n' Roll-König› ist eine ebenso witzige wie phantasievoll-satirische Story über das Musikgeschäft. Kriegel erzählt in seiner anachronistisch-zeitbezogenen Geschichte von einem König, der zwar die Rockmusik über alles liebt, aber nicht ganz rhythmusfest ist: Immer bei der kleinen Pause in ‹I Can't Get No ... Satisfaction› bleibt er auf der Strecke. Da hilft es auch nichts, daß seine Hof-Band beim großen alljährlichen Open-Burghof-Konzert ihr Bestes gibt: Der König ist blamiert, das Konzert platzt, und er macht sich mit seiner Gitarre einsam und unerkannt auf den Weg ...

Kriegels Buch ist voll spöttischer Anspielungen und Spitzen, voller Bezüge aufs Musik-Business und seine Figuren und auf seine oft verkorksten Strukturen, die aber selbst in endlosen Analysen so treffend kaum aufgezeigt werden können wie hier – und das alles so flott und pointiert, daß man das Buch in einem Rutsch durchliest» («Göttinger Tageblatt»).

Volker Kriegel, geboren am 24. Dezember 1943. Studium der Soziologie und Psychologie in Frankfurt am Main. Zur selben Zeit erste Auftritte als Jazzgitarrist. Ab 1968 hauptberuflich Musiker und Komponist, aber auch Cartoon-Veröffentlichungen und erste Versuche mit Zeichentrickfilmen («Der Flöterich», 1970). Seither Mitwirkung bei über dreißig Langspielplatten. Zahlreiche Film- und Hörspielmusiken. Konzertauftritte in allen europäischen Ländern, ausgedehnte Tourneen in Südamerika und Afrika. Neben seiner Tätigkeit als Musiker arbeitet Volker Kriegel als Zeichner, Illustrator und Cartoonist. 1979 entstand in London ein längerer Zeichentrickfilm («Der Falschspieler»). Außerdem schreibt Kriegel Manuskripte für Funk und Fernsehen.

Volker Kriegel

Der Rock 'n' Roll-König

Illustriert von Volker Kriegel

rororo

Rowohlt

Veröffentlicht im Rowohlt Taschenbuch Verlag GmbH,
Reinbek bei Hamburg, Mai 1984

Umschlagzeichnung Volker Kriegel
Umschlagtypographie Manfred Waller
Satz Bembo (Linotron 202)
Gesamtherstellung Clausen & Bosse, Leck
Printed in Germany
980-ISBN 3 499 15363 7

Der Rock 'n' Roll-König

Der König liebte den Rock 'n' Roll über alles in der Welt.

Oft saß er nachts allein in seinem Thronsaal und spielte auf seiner wertvollen alten Martin-Gitarre die unvergänglich schönen Songs von den Beatles und den Stones. «Fool On The Hill» war noch immer sein Lieblingslied, und er sang es mit seiner angenehmen Stimme, nicht zu laut, oft mehrmals hintereinander. Dabei konnte es schon einmal passieren, daß dem König bei der Stelle «... sees the sun going down – and the eyes in his head – see the world spinning round», wo sich der volle A^b-Dur-Akkord über B^b-Dur erst nach c-Moll auflöst, dann aber gleich ein überraschendes C-Dur nachfolgt (die Grundstimmung bleibt trotzdem zögernd in der Schwebe) ... an der Stelle mit dem Sonnenuntergang jedenfalls rollte dem König manchmal eine kleine Träne in den Bart.

Eigentlich war der König ziemlich musikalisch. Er verfügte nicht nur über die bereits erwähnte, recht wohlklingende Stimme – die, wie sein musikalischer Lehrmeister Pater Michael manchmal zu sagen pflegte, der Stimme Paul McCartneys irgendwie entfernt ähnelte –, der König hatte sich darüber hinaus im Lauf der Jahre recht ordentliche Kenntnisse über Harmonien und Akkorde angeeignet, er besaß ein außergewöhnlich gutes Gedächtnis für Songtexte, und über sämtliche Neuerscheinungen auf dem Plattenmarkt war er stets bestens informiert.

Sein Gitarrenspiel war vielleicht nicht gerade virtuos, aber allemal gut genug, um normale Rocknummern zu begleiten. Fairerweise muß auch gesagt werden, daß sich die musikalischen Neigungen des Königs keineswegs nur einseitig auf lyrische Balladen und wehmütige Songs beschränkten, im Gegenteil: in der richtigen Stimmung konnte er ganz schön kernig losfetzen.

Trotz allem aber war der König sehr unglücklich.

Es gab da ein Problem, das ihm mehr und mehr zu schaffen machte. Der König hatte nämlich, rundheraus gesagt, ein äußerst beschissenes *Timing*. Oder anders ausgedrückt: es mangelte dem armen König an einem elementaren Gefühl für Rhythmus. Und ein geradezu abartiges Verhältnis hatte er zu den Pausen. Wenn er ein ganz schlichtes Lied sang, beispielsweise «I Can't Get No Satisfaction», dann kippte er spätestens bei der kleinen Pause zwischen «I Can't Get No –» und «– Satisfaction» hoffnungslos aus dem Takt, und fast nie gelang es ihm, jemals wieder den rhythmischen Anschluß zu finden.

Nun war die Unfähigkeit, mit den Pausen richtig umzugehen, leider nicht der einzige *Hangup* des Königs. Er hatte außerdem die schlechte Angewohnheit, immer dort den Rhythmus zu verlangsamen, wo es einen etwas schwierigen Akkord zu greifen galt, andererseits aber zügig das Tempo zu beschleunigen in jenen Passagen, die ihm locker von der Hand gingen.

Trotz seiner gesellschaftlichen Stellung war der König ein kritischer und sensibler Geist. Er wußte nur allzu gut, wie sehr es beim Rock 'n' Roll auf einen bombensicheren Rhythmus ankommt. Die ganze Angelegenheit wäre ja auch weiter nicht schlimm gewesen, wenn der König lediglich nachts für sich allein musiziert hätte. So richtig peinlich, darüber war sich der König völlig im klaren, wurde es ja immer erst an den Samstagabenden, an denen er mit der Hof-Band für das große *Open-Air-Concert* übte, das Anfang September im Schloßhof stattfinden sollte.

An dieser Stelle müssen wir unsre Geschichte kurz unterbrechen, um zunächst einmal die einzelnen Bandmitglieder vorzustellen.

Beginnen wir mit der Rhythmusgruppe. Am Schlagzeug sitzt Harvey («Heavy Metal») Block, ein ruhiger Mann mit langjähriger Erfahrung. Harvey Block hat schon bei dem verstorbenen Vater des Königs als Henker gedient. Nun genießt er die Freuden des Ruhestandes, denn seit dem Amtsantritt unsres jetzigen Königs ist die Zahl seiner beruflichen Einsätze stark zurückgegangen.

Den E-Baß spielt Prinz Jacob, ein entfernter Neffe des immer noch unverheirateten Königs. Jacob ist bei allem Talent ein etwas merkwürdiger junger Mann. (Am Hof gibt es Stimmen, die glattweg behaupten, er sei total bescheuert.) Außer seinem Baß und den Shitpflanzen hinter der Burgmauer hat Jacob kaum etwas im Sinn – wenn man einmal davon absieht, daß es in jüngster Zeit immer öfter zu sehnsüchtigen, von schweren Seufzern begleiteten Blicken in die schönen Augen des Burgfräuleins Marie-Johanna gekommen ist.

Marie-Johanna ist Sängerin. Ursprünglich aus der Folk-Szene stammend, hatte sie während ihrer Gesangsausbildung im Nonnenkloster plötzlich eine tiefe Seelenverwandtschaft zu Janis Joplin entdeckt. Vor einem halben Jahr etwa ist sie dann in der Rockband des Königs gelandet. Das Burgfräulein weiß genau, daß sie in dieser Kapelle niemals die große Hauptrolle spielen wird, schon deswegen nicht, weil der König ja selber ein ganz brauchbarer Sänger ist (von seinem rhythmischen Hänger mal abgesehen) – aber als Durchgangsstation, als Sprungbrett könnte dieser Job eigentlich ganz nützlich sein, denkt Marie-Johanna.

An der Hammond-Orgel sehen wir den bereits erwähnten Pater Michael, einen wortgewaltigen Freund schöner Harmonien (und auch schöner Frauen, wie man sich am Hof erzählt). Dieser ehrwürdige Meister der Harmonielehre kam ursprünglich aus dem Baltischen, und keiner weiß so recht, was ihn an den Hof verschlagen hat. Auf seine alten Tage ist er etwas schrullig geworden. Manchmal will es scheinen, als sei er in eine heitere Art von innerer Emigration eingekehrt, was natürlich mit den musikalischen Zuständen bei Hofe allerhand zu tun hat. Wenn Pater Michael nicht gerade mit der königlichen Band für das *Open-Air-Concert* probt, zieht er sich in letzter Zeit immer häufiger auf sein Landgut zurück, und man soll ihn dort schon des öfteren völlig nackend auf einem Hochsitz gesehen haben.

Die E-Gitarre spielt Hofrat Dr. Schrot, ein noch relativ junger Mann von verschlossenem Wesen. Vor etwa zwei Monaten hatte der König per Annonce in der *Frankfurter Allgemeinen Zeitung* einen dynamischen Akademiker gesucht, der erstens eine ordentliche E-Gitarre spielen konnte und zweitens in der Lage sein mußte, den vielfältigen Anforderungen, die der Job eines königlichen Generalsekretärs mit sich brachte, einigermaßen gerecht zu werden. Von den wenigen Bewerbern, die für dieses heikle Amt kandidiert hatten (es waren, genau gesagt, nur vier, davon zwei Österreicher), spielte Dr. Schrot mit Abstand die brauchbarste E-Gitarre, vielleicht eine Idee zu steif, zu phantasielos möglicherweise, dafür aber grundsolide und ohne jeden modischen Ausflipp. Die Manager-Qualitäten des Dr. Schrot standen ohnehin außer Frage. Nach seiner Flucht aus der DDR hatte er am Hessen-Kolleg ein glänzendes Abitur hingelegt (dritter Bildungsweg, das will heutzutage schon was heißen). Nach dem Abschluß seiner Studien an der Bundeswehrhochschule promovierte er *summa cum laude* über das Thema «Vom Einfluß weltanschaulicher Trends auf die Theorie der interdisziplinären Wissenschaftslogik», eine Arbeit, die seinerzeit in Fachkreisen großes Aufsehen erregte. Es wäre für Dr. Schrot ein leichtes gewesen, die wissenschaftliche Laufbahn einzuschlagen. Um aber den Vorwurf theorieverbissener Kopflastigkeit zu unterlaufen, war sich unser tüchtiger Doktor nicht zu schade, noch ein ausführliches Praktikum bei der Dresdner Bank durchzustehen sowie einen zweijährigen Kurs für gehobenes Management bei IBM in Stuttgart. Kurzum: dem Dr. Schrot standen sämtliche Türen von Großindustrie und Verwaltung sperrangelweit offen. Der König wurde unter Kollegen um solch einen Generalsekretär fast schon zähneknirschend beneidet.

Percussionsinstrumente aller Art spielt der Hofnarr Nippo, ein Mann unbestimmten Alters und von leicht exotischem Äußeren. Sein Nachname ist Lauch, aber jedermann pflegt ihn einfach Nippo zu nennen. Dieser ernsthafte und friedliebende Mensch erblickte das Licht der Welt auf der Insel Celebes. Seine Eltern hat er leider nie gekannt. Barmherzige holländische Tabakhändler hatten das musikalische Waisenkind schon im Säuglingsalter nach Europa mitgenommen. Die Stationen seiner Karriere sind rasch erzählt. Nippo tingelte zunächst mit diversen Rock-Jazz-Kapellen durch die halbe Welt. Nach einem längeren, höchst lukrativen Gastspiel bei den Herren Lindenberg und Maffey verspürte Nippo eines Tages den Wunsch, das unstete Dasein eines Wandermusikanten zugunsten einer soliden Dauerstellung aufzugeben. Als Hofnarr taugte er, offen gesagt, überhaupt nichts, denn er war weder besonders lustig noch gesprächig. Um so mehr aber glänzte er als Percussionist! Ob er nun entfesselt auf die Congas eindrosch oder aber höchst kunstvoll mit einer seiner zahllosen Rasseln, Schellen, Trömmelchen, Bimmeln, Klappern oder Glöckchen hantierte – immer war Nippos musikalischer Beitrag von erlesenem Geschmack und höchster Raffinesse. «Percussion», so sagte er manchmal in seiner bildhaften Sprache, «ist wie das Salz in der Suppe.» Wohl wahr, möchte man meinen, welch trefflicher Vergleich! Wobei hinzuzufügen wäre, daß Percussion ja noch viel mehr bedeutet als nur das biedere Salz in der Suppe. Percussion, das sind sämtliche Gewürze der Dritten Welt – ein bunter Kosmos aus Farben, Gerüchen, Sensationen und Nuancen. Nicht nur Pfeffer und Salz, nein, auch Zimt und Nelken, Koriander, Minze, Curry, Basilikum und Muskat; Thymian, Rosmarin, Liebstöckel und Kreuzkümmel; Safran und Lorbeer, Oregano und Ingwer; ganz zu schweigen von Knoblauch, von Waldmeister, von Sambal oder gar von Harissa! Ein guter Koch weiß eben nicht nur, welches Gewürz mit welcher Speise am besten harmoniert, sondern er beherrscht auch die Kunst, mit seinen Aromastoffen maßvoll umzugehen, um nicht durch ein Zuviel-des-Guten die Mahlzeit zu ruinieren. Und genauso wußte auch der Hofpercussionist Nippo sein musikalisches i-Tüpfelchen stets klug und sparsam zu dosieren.

Wenn überhaupt jemand mal ein offenes Wort mit dem König über dessen rhythmische Schlampereien hätte sprechen müssen, dann Nippo. Schließlich war er im Nebenberuf ja auch noch Hofnarr, und diese (übrigens gar nicht schlecht bezahlte) Stellung verpflichtet eigentlich zu solcherlei Kritik, genaugenommen. Aber nein, Nippo haßte jede Art von Auseinandersetzung aufs äußerste, ging jedem Konflikt aus dem Wege, hielt den Mund und haute statt dessen lieber auf seine Congas, klopfte das Agogo, schüttelte die Maracas, ließ die Fingercymbals aneinanderklingen, dengelte die Kuhglocke oder schwang das Tambourin.

Neben diesem harten Kern der königlichen Band gab es noch einen *Background*-Chor (bestehend aus Bediensteten, meist Küchenpersonal), der von Pater Michael alle vierzehn Tage trainiert wurde. Ferner eine kleine Bläsergruppe unter der Leitung des Herrn Bolzheimer, seines Zeichens königlicher Herold. Herr Bolzheimer hatte die undankbare Aufgabe übernommen, aus drei mäßig talentierten Herren eine halbwegs gescheite *Brass-Section* zu machen. Es handelte sich um den Gärtner an der Trompete, den Hausmeister an der Posaune und den

Klempner am Tenorsaxophon. Herr Bolzheimer selbst blies Fanfare, und zwar astrein. Seine eigentliche Berufung aber lag im pädagogischen Bereich. Mit Leib und Seele hatte er sich dem ehrgeizigen Ziel verschrieben, die drei begriffsstutzigen Tölpel zu einer soliden Bläsermannschaft «zusammenzuschmieden», um sein Lieblingswort zu zitieren.

Das ganze Frühjahr und den Sommer hindurch wurde eifrig geprobt. Beinahe jeden Tag erklang Musik aus allen Winkeln des Schlosses. Unten im Verlies prügelte Harvey («Heavy Metal») Block auf sein Schlagzeug ein. In der Kapelle träumte Pater Michael über seinen traurigen Akkorden. Im Zeughaus verfeinerte Nippo seine akustischen Zaubertricks. Draußen auf den Zinnen konnte man die zornige Stimme des Herolds vernehmen, der sich redlich abmühte, seiner faulen und widerborstigen Blaskapelle auf die Sprünge zu helfen. Zwischen den Shitpflanzen hinter der Burgmauer lag der bekiffte Jacob und lauschte ergriffen der hellen Stimme Marie-Johannas, die oben im Burgfried vor sich hin trällerte. Hofrat Dr. Schrot übte täglich von 17 bis 19.30 Uhr, nach Erledigung der Verwaltungsgeschäfte. Im Thronsaal aber brannte das Licht nur allzuoft die ganze Nacht. Dort saß der König, die Gitarre im Arm, die Träne im Bart. Wenn der Morgen graute, ging er dann seufzend ins Bett, den Kopf voller Musik.

An einem Nachmittag im Juli, als die komplette Hofband im Übungsraum versammelt war, kam es zu einem merkwürdigen Zwischenfall. Gerade hatte man die ersten Töne von «Satisfaction» angespielt, und wieder –

wie vorauszusehen, muß man leider sagen – kam der König bei der kleinen Pause zwischen «I Can't Get No –» und «– Satisfaction» aus dem Takt. Einen Moment lang spielten alle heillos durcheinander, dann brach die Musik wie von selber ab. Mitten hinein in die bleierne Stille erklang deutlich die Stimme des Hofrats. «So interessant die freie Gestaltung des Rhythmus ja zweifellos sein mag», sagte er eiskalt, «so glaube ich dennoch, daß man sich – gerade bei diesem Stück – etwas enger an die Vorlage halten sollte. Das ist jedenfalls meine persönliche Überzeugung.» Errötend verließ der König den Übungsraum.

Später am selben Abend, in der Taverne, über dem siebten großen Bier, sagte Harvey («Heavy Metal») Block zu Pater Michael: «Dieser Schrot ist für mich ein Arschloch allererster Güte.» Und nach einer kleinen Pause fügte er, die Stimme des Hofrats nachahmend, hinzu: «Das ist jedenfalls meine persönliche Überzeugung.» – «Tja, das stimmt», antwortete der Pater, «nur hat er in diesem Falle leider nicht ganz unrecht.»

Schon in den letzten Augusttagen trafen die ersten Gäste ein. Es kamen Könige, Kollegen und Freunde aus allen Ländern; die einen auf Tragsesseln, andere in kleinen Wagen und die am fernsten wohnenden auf Elefanten und auf Tigern.

Der 1. September war ein wunderschöner Sommertag, nicht zu heiß, mit einer angenehmen leichten Brise am Nachmittag.

Im Schloßhof wurde genagelt und gezimmert, die

große Bühne war fast fertig, und gegen 16 Uhr begann bereits der *Sound-Check*. Die Lautsprecher, die Verstärker, die Mikrofone und die Kabel, die Bühnenmonitore und der 16-Kanal-Mixer, kurz: das gesamte Beschallungssystem war von einer Firma aus Köln angemietet worden. Die technische Leitung, und damit auch die Verantwortung für alle Sound-Probleme, lag bei Gips Braten, einem erfahrenen und nervenstarken Tonmeister aus Schwaben. An diesem Nachmittag gab es wie durch ein Wunder nicht eine einzige Panne, alles klappte vorzüglich, und schon kurz nach 18 Uhr erklärte Herr Braten mit den Worten «alles cool» die Probe für beendet. Zufrieden gingen die Musiker in ihre Garderobe, wo ein kleiner Imbiß auf sie wartete.

Draußen im Hof füllten sich langsam die Bänke. Drei riesige Fässer mit Freibier hatte man aufgefahren, die Stimmung war entspannt und voller Erwartung. Kurz nach Sonnenuntergang wurden die Scheinwerfer angeschaltet, und die Bühne erstrahlte im schönsten hellen Licht. Ein Raunen ging durch die Menge, vereinzelt wurde applaudiert.

Drinnen in der Garderobe traf man die letzten Vorbereitungen. Jeder versuchte die restlichen Minuten vor dem Auftritt auf seine Weise zu überbrücken.

Marie-Johanna stand vor dem Spiegel, bürstete die langen Haare und sang leise vor sich hin.

Harvey Block beendete gerade sein drittes großes Bier, sagte laut «Aaaah!» und trommelte noch ein bißchen auf seinem gummibespannten Übungsbrettchen herum.

Nippo schob sich ein Kaviarbrötchen in den Mund,

während Pater Michael darüber nachdachte, warum der Chablis allgemein so überschätzt wurde, wo er doch selber einem Montrachet jederzeit den Vorzug geben würde.

Dr. Schrot stimmte in der Ecke sorgfältig seine Gitarre. Hin und wieder nippte er an seinem Mineralwasser.

Auf der Toilette saß Jacob und zog an einem riesigen Joint.

Der König war so aufgeregt wie noch nie zuvor in seinem Leben. Äußerlich unverändert, stand er ruhig am Waschbecken und hielt die Hände unter das warme Wasser.

Schließlich war es soweit.

Unter dem Jubel der Zuschauer betraten der König und seine Band die hellerleuchtete Bühne.

Der König schritt zum Mikrofon und sagte: «Guten Abend, liebe Freunde. Ich freue mich sehr, daß ihr alle gekommen seid ...»

«All right!» brüllte irgend jemand hinten aus dem Publikum, worauf manche der vorne sitzenden Zuhörer lachend ihre Köpfe wendeten. «Bevor wir mit dem Konzert beginnen», fuhr der König fort, «möchte ich euch gerne die Band vorstellen. Am Schlagzeug haben wir –» der König wies mit ausgestrecktem Arm hinter sich – «Harvey (‹Heavy Metal›) Block!»

Tief über sein Schlagzeug gebeugt, nahm der Henker den lebhaften Beifall entgegen.

«Am E-Baß seht ihr – Prinz Jacob!»

«Yeah», schrie die Stimme von hinten genau in die winzige Lücke zwischen Ansage und Applaus.

«An den Keyboards – unser verehrter Pater Michael!»

Lang anhaltender, wenngleich nicht gerade übermütiger Beifall.

«Hier neben mir, an der elektrischen Gitarre – Hofrat Dr. Schrot!»

Heftiger, aber kurzer Applaus.

«Und unser Percussionist», rief der König, «ist – Nippo Lauch!»

Der Nachname ging bereits im Jubel des Publikums unter, Nippo war der erklärte Liebling des Abends (oder sagen wir es ruhig genauer: der Liebling der Damen), schon bevor der erste Ton gespielt war.

Nachdem der König noch kurz auf den *Background*-Chor und die kleine Bläsermannschaft hingewiesen hatte, wobei lediglich Herr Bolzheimer namentlich erwähnt wurde, sagte er abschließend: «Tja, und nochmals vielen Dank für den freundlichen Applaus.»

In diesem Augenblick erklang wiederum die Stimme des Zwischenrufers: «Und wer bist du?»

Großes Gelächter im Burghof, denn schließlich wußte man ja, wer der König war.

Der Gefragte schien den kleinen Scherz keineswegs übelzunehmen, selbst das etwas respektlose «du» nicht. Er lächelte, blickte einen Moment lang unter sich und sprach dann mit etwas leiserer Stimme als zuvor: «Tja, um ganz ehrlich zu sein, es ist schon ein seltsam schönes Gefühl, heute abend hier auf der Bühne zu stehen.»

Dies war das Stichwort für Pater Michael. Genau bei dem Wort «stehen» begann er mit der Einleitung zu «Feelin' All Right», was bei den Kennern im Publikum kleine Verzückungsschreie auslöste. Nach zwei Takten stieg Nippo auf den Congas ein, wiederum zwei Takte später kamen Jacobs mächtiger Baß und das Schlagzeug des Henkers hinzu. Als sich dann auch noch der König mit seiner Rhythmusgitarre eingeklinkt hatte, hörte man unten aus dem Publikum bereits die ersten rhythmischen Klatscher.

Im Handumdrehen kam Bewegung in das eben noch so erwartungsvoll gesittete Auditorium, ein heftiges Stampfen und Schaukeln hob an, tausendfach brach sich das schmatzende Geräusch zusammengeklatschter Handflächen an den Burgmauern. Mit einem Wort: es herrschte eine Bombenstimmung.

Nun war aber auch die Entscheidung, den Abend mit «Feelin' All Right» zu eröffnen, einfach genial gewesen. Das relaxte, mittelschwere Tempo dieser Nummer ist für einen Konzertanfang genau das richtige. Schon bei dem ersten Refrain, bei den Worten «Feelin' All Right» sang das Publikum laut mit, «I'm just feelin' so good myself», antwortete vielstimmig der Chor.

Herrlich dröhnte Jacobs Baß, strahlend kamen die Einwürfe der Bläser, satt und knackig tönte Harvey Blocks Schlagzeug, klar und deutlich davon abgehoben Nippos phantastisches Conga-Spiel, füllig und sicher die stabilen Akkorde des Paters, knapp und gekonnt die kommentierenden Einwürfe des Hofrats. Über allem aber lag die Stimme des Königs, der sich von den Wogen der Begeisterung zu immer gewagteren Phrasierungen hinreißen ließ. Pater Michael krönte das Eröffnungsstück mit einem saftigen Keyboard-Solo (ungefähr in der Manier Leon Russels), und nach dem überraschenden Schluß mit dem unerwarteten Abriß hielt es niemanden mehr auf dem Sitz. Alles tobte. Vornehme Hofdamen mit geröteten Wangen hüpften wie kleine Mädchen umher, stiegen auf die Bänke, schrien aus vollem Hals und wiesen sich gegenseitig auf Nippos exotische Kunstfertigkeiten hin. Würdige Herren steckten sich hemmungslos die Finger in den Mund und pfiffen, so laut es eben ging. «Here we go», sagte atemlos der König, was im allgemeinen Jubel praktisch unterging.

Pater Michael wartete das Ende des frenetischen Gejohles gar nicht erst ab, sondern begann sogleich mit den einleitenden Akkorden von «The Fool On The Hill», worauf die Zuhörer wieder Platz nahmen. «Day after day», sang der König, «alone on a hill», und schon war das eben noch so ausgelassene Publikum mucksmäuschenstill und lauschte dieser sensiblen Stimme. «Sees the sun going down», klang es durch den Burghof, «and the eyes in his head – see the world spinning round.» Da wurde so manches Spitzentüchlein gezückt, da kam es zu allerhand Schneuzern und Räuspern, und nicht nur die Damen verspürten ein schmerzlich-süßes Ziehen in der Herzgrube. Kaum waren die letzten Blockflötentöne verklungen (Herr Bolzheimer persönlich hatte diesen Instrumentalpart übernommen), da brachen die ergriffenen Zuhörer in einen langen, intensiven, stetig anschwellenden Beifall aus, der nur durch das schlichte «danke» – «vielen Dank» – «danke sehr» – «besten Dank» des Königs gebremst werden konnte.

Als dritte Programmnummer war eigentlich «Roll Over Beethoven» vorgesehen, als aber der König gerade zur Ansage schreiten wollte, erscholl aus dem Dunkel des Burghofs die Stimme jenes Zwischenrufers, der schon bei der Vorstellung der königlichen Band für einige Aufregung gesorgt hatte. «Satisfaction», schrie die Stimme diesmal, «Satisfaction!» Sogleich fand dieser Vorschlag eine lautstarke Anhängerschaft, aus allen Ekken des Burghofs wurde plötzlich «Satisfaction» gefordert.

«Okay», sagte der König, «dann also ‹Satisfaction›.»

So nobel diese Geste auf den ersten Blick aussehen mag, so lag doch andererseits eine gewisse Gefahr darin, das sorgfältig geplante Programm zugunsten eines spontanen Zurufs einfach umzuschmeißen. Der König in seinem überschwenglichen Glücksgefühl aber – rückblickend muß man eigentlich von naiver Verblendung sprechen –, der König jedenfalls war leider nicht in der Lage, diese Gefahr vorauszusehen. Und so nahm das Verhängnis seinen Lauf.

Die Einleitung war eben vorüber, «I Can't Get No» hatte der König gerade gesungen – da passierte es, in der kleinen Pause zwischen «I Can't Get No –» und «– Satisfaction»: eine plötzliche Verwirrung überkam den König, ein jäher rhythmischer Abgrund tat sich auf, sozusagen ein leeres Nichts ... der König hatte eine Sekunde zu lange gezögert, wie so oft an dieser Stelle. In der verzweifelten Hoffnung, durch irgendein Wunder doch noch im richtigen Rhythmus zu landen, schob er viel zu hastig das Wort «Satisfaction» hinterher, obwohl ihn bereits die schmerzliche Gewißheit durchzuckte, daß es nichts mehr zu retten gab. Aus den Augenwinkeln sah er den Hofrat merkwürdig verzerrt ins Publikum lächeln.

Ein paar Takte noch schleuderte die Musik haltlos vor sich hin, einem Fahrradfahrer vergleichbar, dem ein Ast zwischen die Speichen geraten ist.

Dann hörte der König die ersten Lacher. Deutlich sah er in der zweiten Reihe eine krampfartig kichernde Dame, die mit dem Finger auf ihn zeigte. Spätestens an dieser Stelle hätte man abbrechen müssen, um die Blamage in Grenzen zu halten. Nun hatte der König aber mit dem Rhythmus leider auch die Übersicht verloren, und zum Entsetzen der empfindsameren Zuhörer sang er verbissen weiter. Kaum bemerkte der kopflose Sänger, wie die Begleitung hinter ihm dünner und spärlicher wurde, mehr und mehr zerbröckelte, bis die Musik schließlich abbrach.

«Aufhören!» brüllte in diesem Moment der Zwischenrufer, überflüssigerweise eigentlich, denn die Musik war ja soeben verstummt. «Buuuh», riefen ein paar herzlose Rüpel von den hinteren Plätzen. «Weitermachen!» und «Noch mal das Ganze!» konnte der König aus dem allgemeinen Tumult heraushören, aber auch «Üben!» und sogar «Abdanken!»

Schwindel und Panik überkamen unsern König, ohne ein Wort der Erklärung floh er hastig von der Bühne, rannte an der Garderobe vorbei bis zu einer versteckten Hinterpforte des Schlosses, gelangte unter der rückwärtigen Burgmauer ins Freie und warf sich erschöpft zwischen Jacobs hochaufgeschossene Shitpflanzen.

Hofrat Dr. Schrot war gleich nach dem überstürzten Abgang des Königs zum Mikrofon gegangen und hatte höflich um eine kleine Pause gebeten. Gleichzeitig ließ Herr Gips Braten, der als erfahrener Tonmeister in solchen Situationen stets die Nerven behielt, das Licht im Burghof anschalten und legte außerdem eine Kassette von Crosby, Stills, Nash & Young auf, womit die brenzlige Lage fürs erste entschärft war.

Die geladenen Gäste, unter ihnen hochgestellte Persönlichkeiten aus aller Welt, Majestäten, Hochadel, Aufsichtsräte und Millionäre, aber auch allerlei Prominenz aus dem Showbusiness sowie zahlreiche Journalisten, erhoben sich sogleich von den Bänken und strömten zügig Richtung Freibier. Erregt sprach man über das soeben Erlebte, und je nach Standpunkt beziehungsweise Temperament war von «Skandal» die Rede oder aber von einem «fauxpas». Den heftig betrunkenen Kritiker Waldo Bohnhoff hörte man laut «Scheiße» rufen, «absolute Scheiße», während ein Herr Burkhard aus Hamburg nachsichtig von «Premieren-Pech» sprach, das schließlich jedem mal passieren könne.

Der König lag derweil zwischen den schützenden Cannabis-Stauden, das Herz schlug ihm bis in den Hals, er hätte tot sein mögen vor Scham und vor Wut. Nur allzu genau wußte er, was im Burghof jetzt gerade los war, wie man über ihn herzog, wie man lästerte, wie man sich über seinen Patzer kaputtlachte.

Plötzlich stockte dem König der Atem. Die Pforte hatte gequietscht, und gleich darauf waren ganz in seiner Nähe deutlich Stimmen zu hören.

«Es ist einfach peinlich», sagte der Hofrat gerade, «mehr als peinlich. Aber ich habe es ja geahnt, daß er uns blamieren wird. Nun ja. Wie auch immer, wir müssen etwas unternehmen. Das ist jedenfalls meine persönliche Überzeugung.»

«Ja, shit, man, fuck.» Das war Jacob.

«Verdammt», brummte der Henker dazwischen.

«Dabei hätte ich heute auch ganz gerne mal ein Lied gesungen», sagte Marie-Johanna, etwas neben der Logik.

«Wir werden halt ansagen müssen», tönte der Hofrat, «daß ‹Seine Majestät› wegen Unpäßlichkeit nicht mehr auftreten kann, und dann wollen wir doch mal sehen, ob wir den Abend nicht auch so über die Runden bringen. Was meint ihr?»

«Ich würde gerne noch eins-zwei Lieder singen», meinte schnell das Burgfräulein.

«Was soll's, verdammt», maulte Harvey Block.

«Wow, man, shit», fügte Jacob hinzu.

«Also dann in zehn Minuten», sprach Dr. Schrot mit erhobener Stimme. «Ich gehe schon mal vor.»

«Ja, ja, verschwinde», knurrte der Henker hinter ihm her, nahm einen riesigen Schluck aus dem mitgebrachten Bierglas und sagte zu Jacob: «Hast du was zu rauchen?»

«Logisch», antwortete der Prinz, «immer.»

«Bis gleich, die Herren», sagte das Burgfräulein etwas schnippisch und verschwand in der Pforte.

Für ein paar Minuten vernahm der König in seinem Versteck lediglich das würgende Husten und Stöhnen der beiden Raucher, unterbrochen höchstens von gepreßten Ausrufen wie «Wow!» oder «Yeah!» – Nach einem längeren Hustenanfall sagte Jacob dann plötzlich: «Shit, man – let's face it: Rock 'n' Roll ohne gescheites *Timing* ist einfach – ist einfach Grütze, verstehst du. Das bringt's ü-ber-haupt nicht. Null.» Die Antwort des

Henkers ging in Jacobs Krampfhusten unter, aber der König hatte ohnehin genug verstanden. Kaum war die Pforte hinter den beiden Rhythmikern ins Schloß gefallen, da erhob sich der König, klopfte den Staub von seinem Hermelinmantel und eilte auf Schleichwegen in seinen Thronsaal. Er schnappte sich seine Reisetasche, stopfte das Notwendigste hinein, legte die Krone vorsichtig auf den Thron und rannte dann ins Badezimmer. Kurz entschlossen griff er zum Rasiermesser, nahm sich den Bart ab und stutzte die langen Haare.

In dem jungen Mann, der fünf Minuten später unbemerkt das Schloß verließ, hätte beim besten Willen kein Mensch unsern König wiedererkannt.

Freundlich leuchtete der Mond in dieser Nacht.

Der König marschierte zügig durch den großen Wald, zwischen den Baumwipfeln sah er die Sterne blinken. Es war ihm seltsam leicht ums Herz, trotz der Aufregung und den vielen Gedanken im Kopf. Kaum bemerkte er, wie die Zeit verging.

Beim Morgengrauen hatte der König den großen Wald bereits hinter sich. Die ersten Frühnebel zogen über die Felder, bald mußte die Sonne aufgehen. Zeit für eine Rast, dachte der König. Er war müde und hungrig, und die Füße taten ihm weh. In einem Heuschober, kurz vorm Einschlafen, dachte er noch einmal an das verpatzte Konzert, an sein Schloß, an sein bisheriges Leben.

Wie weit lag das nun schon alles zurück.

Die Sonne stand hoch am Himmel, als der König aufwachte. Elend knurrte sein Magen, und im Mund war's staubig und trocken. Der König machte sich rasch auf

den Weg. Die Angst, erkannt zu werden, ließ ihn um jedes Dorf einen großen Bogen schlagen. Von weitem sah er die Bauern auf den Feldern arbeiten, manche grüßten freundlich herüber. An einem Bach löschte der König seinen Durst, gegen den Hunger halfen notdürftig ein paar grüne Äpfel.

Die Sonne war bereits untergegangen, der König lief wieder durch einen dichten Wald, es war ihm hundeschlecht von den Äpfeln, und er sehnte sich nach einem zarten Filetsteak und einem frischbezogenen Bett.

Plötzlich stand er am Rande einer kleinen Lichtung. Vor einer rußgeschwärzten Köhlerhütte hockten drei finstere Gestalten um ein prasselndes Feuer und löffelten Suppe aus einem großen Topf. Der König nahm seinen ganzen Mut zusammen, trat schluckend näher und sagte leise: «Einen guten Abend zusammen. Und – guten Appetit auch.» Die drei dunklen Gestalten, offenbar Vater, Mutter und Sohn, ließen die groben Löffel sinken und blickten mißtrauisch auf den Fremden. «Ei, wer bist du denn?» dröhnte die Grabesstimme des alten Köhlers. Bevor der König den Mund aufmachen konnte, entfuhr dem hünenhaften Sohn des Alten ein geradezu alttestamentarischer Rülpser. «He», schrie der Vater und schlug seinem flegelhaften Sproß mit der haarigen Faust mitten auf die Nase, «benimm dich, du Sau!» Der junge Köhler blickte verdattert, während der Alte urplötzlich in ein höllisches Gelächter ausbrach. Schlagartig war der unbegreifliche Heiterkeitsausbruch zu Ende, und der Alte brüllte wieder mit zorniger Stimme: «Los, du Penner, sag unserm Gast guten Abend und hol endlich Bier für uns alle!» Der junge Riese duckte sich seitwärts hinweg vor der drohenden Faust des Vaters, murmelte etwas vor sich hin wie «Leck mich doch ...» und verschwand in der Hütte. Wieder lachte der Vater, viel zu laut. «Los, setz dich!» sagte er zum König, und an seine strubbelige Frau erging das Kommando: «He, Mutter, rück mal einen Löffel raus für den Typ. Der guckt ja schon ganz gierig.»

Selten hatte der König etwas Köstlicheres gegessen als die Kartoffelsuppe der Köhlersleute. Es gab selbstgebackenes Brot mit dunkler Rinde dazu und jede Menge Bier aus großen Henkelkrügen. Die Köhlersippschaft schmatzte, rülpste und schlürfte um die Wette, und auch der König legte sich hemmungslos ins Zeug. «Los, austrinken!» befahl der Alte immer wieder und goß allerseits kräftig nach. «Auf jetzt! Ex! Weg mit dem Kram!» brüllte er lachend. Der König spürte eine wohlige Wärme im Magen und einen starken Schwurbel in der Birne.

«Also», schrie der Alte plötzlich, «wer bist du eigentlich und was treibst du?» Der verdatterte König umging den ersten Teil der Frage und antwortete mit klopfendem Herzen: «Ich bin Wandermusikant und auf der Wanderschaft.» – «Prima», befand der rußige Gastgeber, «dann sing uns jetzt was vor. Aber was Schönes, verstanden! Was von früher.»

Der König griff zur Gitarre, stimmte kurz nach und begann mit dem alten Lied «Yesterday» von Paul McCartney. Bei der Stelle «all my troubles seemed so far away» entrang sich dem jungen Köhler ein seufzendes «Au jaa». Sogleich wurde er von seinem Erzeuger mit einer derben Kopfnuß zum Schweigen gebracht. Still saß die Köhlerfamilie um das Feuer und lauschte der schönen Melodie. Als der König schließlich mit den Worten «Oh, I believe in Yesterday» endete und den letzten Ton etwas länger als gewöhnlich ausklingen ließ, war eine merkwürdige Veränderung in den ungehobelten Zuhörern vorgegangen. Die Mutter blickte mit nassen Augen auf den König, der Sohn räusperte sich umständlich und scharrte schweigend im Feuer herum, während im finsteren Gesicht des alten Köhlers so etwas wie ein fernes Leuchten sichtbar wurde.

«Mensch», sagte er in normaler Lautstärke, «das war ja wunderschön.» Aber als müsse er diesen Anfall von Sentimentalität auf der Stelle wiedergutmachen, schrie er übergangslos seinen erstaunten Sohn an. «Los, du Idiot, hol Bier! Aber dalli! Und den Birnenschnaps!» Es wurden noch so manche Lieder gesungen in dieser Nacht, der alte Köhler schlug seinem Sohn zwischendurch immer wieder mal ordentlich in die Schnauze, und als der Schnaps und das Bier endlich alle waren, mußte der König für sein besinnungslos heulendes Publikum noch einmal «Yesterday» singen, zum Abschluß.

Kühl war es, als der König am nächsten Morgen erwachte. Sein dröhnender Schädel fühlte sich an, als habe jemand über Nacht Beton hineingegossen, und im Magen brannte der Birnenschnaps. Die Köhlerfamilie lag rund um das erloschene Feuer und schnarchte um die Wette.

Leise schlich sich der König davon.

Gegen Nachmittag erreichte er eine festlich geschmückte kleine Stadt, in der gerade ein Jahrmarkt stattfand. Der König mischte sich neugierig unter die Zuschauer. Staunend betrachtete er die vielen Stände mit den verlockenden Auslagen. Tönernes Geschirr wurde feilgeboten, Kittelschürzen und Lederwaren, aber auch herrliches Obst, duftende Bratwürste, gebrannte Mandeln, Zuckerwatte und Lakritz. Lebendige Hühner standen zum Verkauf, sogar Schweine und auch Kälber. Weiter hinten hatte man ein Kettenkarussell aufgebaut, daneben befand sich eine Armbrust-Schießbude. Nicht weit davon wurde der stärkste Mann der Welt angepriesen, Eintritt 20 Pfennig. Ferner gab es etliche Zauberer, eine Geisterbahn und eine Tombola.

Der König schlenderte von Bude zu Bude und stand plötzlich vor einem kleinen Zelt, über dessen Eingang in buntleuchtender Glühbirnenschrift das Wort FLOHZIRKUS prangte. «Hereinspaziert!» rief ein kleiner dikker Mann mit Brille und Zylinder. Im Innern des Zeltes standen etwa ein Dutzend Klappstühle rings um die winzige, erleuchtete Arena. Als alle Plätze besetzt waren, verschloß der Herr Direktor (jener dicke Mensch, der vorher draußen kassiert hatte) sorgfältig den Eingang, schlug einen Tusch auf einem blechernen Gong und erklärte die Vorstellung für eröffnet.

Aus seiner Tasche holte er eine Schachtel und eine Pinzette. Der erste Floh wurde vorsichtig aus seinem Gefängnis befreit und in die Mitte der Arena gesetzt. Er schlug zunächst ein paar einfache Purzelbäume und Saltos, lief danach auf den Händen einmal rund um die

Manege und beschloß seinen Auftritt mit einem astreinen Flick-Flack. Die Zuschauer applaudierten begeistert. «Nun folgt der zweite Akt», sagte der Direktor etwas salbungsvoll. Das nächste Insekt wurde in die Arena entlassen. Es zog eine kleine Kutsche hinter sich her. Darin saß ein als König verkleideter Floh, der den Zuschauern huldvoll zuwinkte.

Diese Nummer wurde allgemein als langweilig empfunden, und entsprechend dünn fiel der Beifall aus.

«Und nun zum dritten und letzten Teil», rief der Herr Direktor. «Ich bitte um Applaus für unsern *Superstar.*» Was die verblüfften Zuschauer in den nächsten Minuten erlebten, war in der Tat leicht sensationell.

Das winzige Tier balancierte einhändig über ein Seil, jonglierte mit vier kleinen Bällen, sprang durch ein brennendes Nadelöhr und lief dann auch noch Schlittschuh auf einem kleinen künstlichen See. Das war nun wirklich der Höhepunkt der Show! Nach der brillanten Schlußpirouette erhoben sich die Zuschauer von den Plätzen und spendeten mächtig Beifall.

«Ende der Vorstellung!» rief der Direktor und bat, man möge sein Unternehmen weiterempfehlen.

Später dann, am Abend, stand der König an der Theke des Gasthauses und dachte über die wundersamen Kunststücke der kleinen Tiere nach.

Ein dicker, schwitzender Mann mit Brille schob sich neben ihn und bestellte laut ein großes Altbier, dazu einen Fernet. «Nein, lieber zwei Fernet», verbesserte er und lächelte dem König zu. «Ich heiße Deixel», sagte der Dicke, «und bin Direktor des Flohzirkus.»

«Ich habe heute die Vorstellung gesehen», erwiderte

der König, «und ich möchte Ihnen ein großes Kompliment machen. Es war phantastisch, wirklich.»

«Na dann prost», sagte Herr Direktor Deixel geschmeichelt und schüttete schnell den braunen Schnaps in sich hinein. Man kam ins Gespräch, fachsimpelte über die Probleme des Showbusiness und des Theaters, über den Undank des Publikums und über die kleinen Sorgen des fahrenden Volkes. Als Herr Deixel erfuhr, daß sein Gesprächspartner Musiker war, zeigte er sich hocherfreut, bestellte sofort weitere Fernets und gestand, daß die Musik seine geheime Leidenschaft, mehr noch, seine wahre Liebe sei. «Warum kommen Sie nicht zu mir und komponieren mir eine Bühnenmusik? Na, wie wär's?» fragte Herr Deixel großspurig und kippte einen doppelten Fernet.

«Warum nicht», antwortete freundlich der König.

«Wunderbar», rief Herr Deixel begeistert, «darauf einen Doppelten. Wie heißen Sie eigentlich?»

«Das kann ich im Moment schlecht sagen», antwortete der König verlegen.

«Verstehe, verstehe», sagte der Flohbändiger und kniff ein Auge zu. «Da ist wohl kerbholzmäßig was nicht ganz in Ordnung, stimmt's? Aber keine Bange, junger Freund. Namen sind Schall und Rauch, was zählt, ist allein das Genie! Prost!»

Vom nächsten Tag an begleitete der König die Kunststücke von Herrn Deixels kleinen Artisten mit seiner Gitarre. Je nach Charakter der Nummer spielte er lustige, schnelle, humorvolle, traurige oder auch dramatische Weisen. Für die Zuschauer unsichtbar, saß der König hinter einem Vorhang im Rücken von Herrn Deixel und verfolgte das Geschehen in der Manege durch ein Guckloch.

Er mußte höllisch aufpassen, denn die Flöhe waren nicht nur winzig klein, sondern auch unberechenbar. Selbst bei fest eingeübten Nummern veränderten sie manchmal den Ablauf, so daß der König mit seiner Begleitmusik zu jähen Stimmungswechseln gezwungen war. Mit bloßer Routine war hier nichts zu machen. Hier wurde die hohe Schule der Improvisation verlangt.

Bald sprach es sich auf den Jahrmärkten herum, daß der Flohzirkus Deixel weit mehr zu bieten hatte als nur die normalen Sensatiönchen einer herkömmlichen Insektendressur. Die Kritik schwärmte von «kongenialer Entsprechung zweier Kunstgattungen», von einer «neuen Dimension der zirzensischen Kultur» war die Rede, und das Deixelsche Unternehmen erfreute sich schon nach wenigen Wochen eines ungeahnten Publikumsandrangs.

Man sah sich gezwungen, ein größeres Zelt anzuschaffen. Statt wie bisher 12 Stühle baute Herr Deixel nun 24 Stühle auf, was allerdings den Nachteil hatte, daß die ursprüngliche Intimität der Vorstellung verlorenging. Die Zuschauer in der zweiten Reihe verrenkten sich schier die Hälse in dem Bemühen, das Geschehen in der Arena wenigstens in groben Zügen mitzuerleben.

Eines Abends an der Theke hatte Herr Deixel beim siebten Alt eine Vision. «Ich hab's!» rief er. «Das ist die Lösung! Wir schaffen ein Monitor-System an, japanisch! Wir übertragen die Vorstellung auf Fernsehschirmen! Da können wir min-de-stens 100 Leute gleichzeitig abkassieren!» Herr Deixel wurde lauter: «Diejenigen, die vorne sitzen, müssen das Doppelte löhnen!» – Nachdenklich schwieg der König.

Sein Job als musikalischer Floh-Begleiter war eigentlich nicht unangenehm gewesen. Der König hatte viel gelernt und eine Menge nützlicher Erfahrungen gemacht. Auch war Herr Deixel ein durchaus erträglicher und großzügiger Arbeitgeber, solange man sich nicht daran störte, daß die Tageseinnahmen regelmäßig für Altbier und Fernet draufgingen. Dummerweise aber verlor der Flohzirkus *an sich* auf die Dauer sehr stark an Reiz. Spätestens seit der zehnten Vorstellung hing dem König die ganze Sache zum Hals heraus. Die eitlen Flöhe gingen ihm allmählich auf die Nerven.

Charakter, das hatte er schon bald herausgefunden, war in dieser Branche letztlich auch nur eine Rollenfrage.

«Na, was meinst du?» drängte Herr Deixel und riß den König aus seinen Gedanken. «Ich weiß nicht recht, ehrlich gesagt», antwortete der Gefragte diplomatisch. Etwas unzufrieden begab man sich an diesem Abend in die Wohnwagen.

Im Spätherbst nahm ein ungewöhnliches Naturereignis dem König die Entscheidung über seine berufliche Zukunft aus der Hand.

Es war am Morgen nach einer jener seltenen Frostnächte, wie sie alle 20 Jahre im Oktober vorkommen, als Herr Deixel im Nachthemd an des Königs Wohnwagen klopfte. Der bleiche Zirkusunternehmer zeigte wortlos auf die offene Schachtel in seiner Hand. Friedlich lagen all seine tüchtigen Artisten nebeneinander auf der Watte, erfroren.

Nun hieß es also wieder tippeln.

Wie sich bald herausstellen sollte, war das Leben *On The Road* kein ungetrübtes Vergnügen. Es ging auf den Winter zu, die Nächte wurden kälter und länger. Auf den Jahrmärkten war nicht mehr viel los, die Hausfrauen beeilten sich mit ihren Einkäufen und fanden kaum noch Zeit, dem Wandermusikanten mit der angenehmen Stimme für ein paar Minuten zuzuhören. Die kleinen Zirkusunternehmer, die Gaukler, Zauberer und Schausteller hatten sich entweder auf den Weg in den warmen Süden gemacht oder aber – falls die Saison ertragreich genug gewesen war – ihre Jahrmarktsbuden winterfest eingemottet, um in Ruhe das Frühjahr abzuwarten.

Der König zog übers Land, er spielte abends in den Kneipen und tagsüber mit klammen Fingern auf den Marktplätzen, wenn es nicht gerade regnete. Es gab Tage, an denen er nichts außer ein paar kleinen Münzen aus seiner Mütze holte; manchmal sang er für einen Teller Suppe oder ein Nachtlager.

In jenen längst vergangenen Zeiten wurde den Wandermusikanten das Leben oft sehr schwer gemacht durch den ständigen Ärger mit der Obrigkeit. Kaum hatte man sich an einer Straßenecke hingestellt und mit den ersten zwei, drei Songs ein kleines Publikum aufgebaut, da konnte es passieren, daß plötzlich ein grober Gendarm auftauchte und mit Unverschämtheiten wie zum Beispiel «So, Leute, Schluß jetzt, Abgang, aber dalli!» mitten in eine feinsinnige Ballade hineinplatzte. Auch wurde der König hin und wieder aus besseren Speisegaststätten unsanft hinausbefördert, obwohl er stets höflich beim Wirt um Musiziererlaubnis nachfragte.

Wenn das Kleingeld einmal nicht für eine bescheidene Herberge ausreichte, verbrachte der König die Nächte unter Brücken, auf warmen Aufzugschächten oder an windgeschützten Kirchenportalen. An erholsamen Schlaf war dabei kaum zu denken, weil man ständig auf der Hut sein mußte vor Nachtwächtern und Polizei.

Den Hütern der Ordnung, den reichen Kaufleuten, dem Adel und den Kirchenfürsten, kurz: dem sogenannten *Establishment* war das bunte Völkchen der Wandermusikanten ein Dorn im Auge. Man hielt sie für unzuverlässige Gesellen, die in der Bevölkerung Unruhe stifteten. Ihre Auffassung von Moral und Politik galt in konservativen Kreisen als geradezu gefährlich. So mancher Pfarrer wetterte von der Kanzel gegen die arbeitsscheuen Elemente, die verantwortungslosen Drückeberger, die Aussteiger und Lotterbuben. Kein Wunder also, daß sich die Musikanten damals mit Vorurteilen herumplagen mußten, von deren Ausmaß man sich heutzutage keinerlei Vorstellung mehr machen kann.

Das alles galt natürlich nur für die Zunft der Wandermusikanten und Straßensänger. Wer einen Schallplattenvertrag ergattert hatte oder gar den Titel eines Hofsängers führen durfte, wer den Ruf eines bekannten Minnesängers und Frauenbetörers genoß, der war über die Niederungen des oben angedeuteten Vorurteils weit erhaben. Schon allein deswegen, weil auch damals, lange vor der Epoche der Aufklärung, ein gewisser Erfolg im Geschäftsleben die entsprechende Wertschätzung seitens der Umwelt mit sich brachte.

Unsern König kümmerte das alles herzlich wenig. Wenn er nur seine Musik machen konnte, damit sogar noch etwas Geld verdiente und ein Stück von der Welt sah, dann wollte er das ein schönes Leben nennen. Schattenseiten gab es überall.

Wieder einmal stand der König an einer Straßenecke im Nieselregen. Er sang gerade das Lied «Revolution» für ein paar kichernde Teenager und zwei ältere Hausfrauen, als plötzlich eine vergitterte Polizeikutsche neben ihm hielt, ein Gendarm vom Bock sprang und rasch auf ihn zukam. «Den Gewerbeschein», sagte der Ordnungsmann. Die Teenager blickten ihn zornig an. «Ich habe leider keinen», antwortete der König. «Ab dann, mitkommen», sprach der Uniformierte, «du kannst dich in der grünen Minna mit deinen Kollegen weiteramüsieren.» Die Tür des vergitterten Wagens wurde aufgeschlossen, der König stieg ein und stolperte über ein paar Füße. Endlich fand er einen Platz auf der Holzbank. Im Dunkeln konnte er drei ziemlich verwegen aussehende Gestalten erkennen. Ein älterer Mann mit stromlinienförmiger Sonnenbrille hielt ebenfalls eine Gitarre zwischen den Knien. «Hallo», sagte der König und lächelte.

«Hey», antwortete die Sonnenbrille mit einer Stimme wie ein rostiger Mülleimer, «willkommen in unsrer trauten Runde. Ich heiße Alexis.» Er streckte die Hand aus. «Und du?»

«Ich heiße King», sagte der König in einer plötzlichen Eingebung. Der kleine Typ neben ihm, der einen ziemlich fertigen Eindruck machte, stellte sich als «Eric» vor. Ebenso wie der vierte im Bunde, ein lang aufgeschossener Mann mit Ponyfrisur und kleinem Kinnbart (er hieß übrigens John), hatte Eric einen starken englischen Akzent. Die Kutsche holperte schwankend übers Kopfsteinpflaster. Alexis brachte trotz Dunkelheit, Sonnenbrille und Schlingerbewegungen einen kleinen Joint zuwege, zündete ihn an und ließ ihn herumgehen. «Für mich nicht, danke», sagte der König.

Alexis nahm noch einen Zug aus dem glühenden Wurm, trat den Rest auf dem Boden aus und schlug heftig mit der Faust an die vordere Wand der rollenden Zelle. «Hey!» dröhnte seine Gießkannenstimme. «Zum Hilton, aber bißchen flott, wenn ich bitten darf!» Alles lachte.

Nach ein paar Minuten kam der Wagen zum Halten, die Gittertür wurde aufgeschlossen, und der Gendarm sagte: «Aussteigen, Endstation.»

Die vier Leidensgenossen wurden in ein muffiges Polizeirevier geführt, wo ein dicker Gendarm hinter einer hölzernen Schranke am Schreibtisch saß. «Name», sagte er, ohne aufzublicken.

«Alexis Korner», antwortete deutlich und rasselnd die Sonnenbrille.

«Beruf», fragte der Dicke.

«Bluesmusiker», sagte Alexis mit Würde.

«Ausweis», kam es von jenseits der Schranke.

«Hab' ich nie gebraucht, meine Stimme genügt», verkündete Alexis.

«Ab, Zelle», befahl der Reviervorsteher und ließ Alexis abführen.

«Der nächste.»

Zu des Königs stiller Verwunderung handelte es sich

bei den beiden anderen Herren um Eric Burdon und John Mayall, zwei ehemals recht bekannte Persönlichkeiten aus der Frühzeit der Rockmusik. Auch sie hatten natürlich keinen Ausweis und wurden in die Zelle gebracht.

«Und nun zu dir», sagte der Übergewichtige, «Name.»

«Ich heiße King», antwortete der König, nun schon zum zweitenmal an diesem Tag.

«Natürlich ebenfalls Musiker und keinen Ausweis», vermutete zu Recht der Ordnungsmoppel und ließ den König angewidert zu den andern in die Zelle sperren.

«Eine angenehme Nacht, die Herren», sagte der jüngere Gendarm so ironisch wie möglich und schloß sorgfältig ab. «Fuck Off!» brummte Eric Burdon, was aber nicht so richtig ankam, weil der Gendarm der englischen Sprache nicht mächtig war.

Alexis begann aus dem Stegreif zu singen. «Jailhouse Blues» konnte der König immer wieder heraushören. John Mayall spielte wehmütig und ergreifend auf seiner Mundharmonika. Eric Burdon fiel mit der zweiten Stimme ein, und auch der König griff mutig zur Gitarre. Das war dringend nötig, gewissermaßen, denn Alexis selbst spielte erschütternd schlecht auf seiner verknarzten und verstimmten alten Klampfe.

Es wurde eine wunderschöne und lange Session. Man sang die alten Lieder von Eric und John. Natürlich auch «The House Of The Rising Sun», «Rock Me Baby» und ein paar andere bewährte Schlachtrösser. Zwischendurch ließ der freundliche Alexis immer wieder mal einen Joint kreisen, und sogar der König nahm einen vorsichtigen Zug. Irgendwann spät in der Nacht legten die Musiker ihre Instrumente beiseite.

«Wow», seufzte Alexis, «wenn man so an früher denkt ...»

«Ev'ryday I Got The Blues», zitierte Eric leise.

Man kam auf die alten Zeiten zu sprechen, mit Wehmut erinnerten sich John und Eric an ihre großen Erfolge, die nun schon so lange zurücklagen. Was hatte man nicht schon alles ertragen müssen seither, erst den unseligen Hardrock, dann sogar Punk und New Wave, und was wurde da alles an Oldies wieder aufgekocht, jeder Scheiß, aber auch jeder. Außer den wirklich guten Sachen.

«Wie deine Platten zum Beispiel», sagte John Mayall.

«Oder deine», erwiderte Eric Burdon zuvorkommend. John Mayall schien etwas resigniert zu sein, aus seinem Mund fiel das bittere Wort «The Road Lost It's Magic», worauf Eric Burdon traurig mit dem Kopf nickte. Alexis Korner versuchte die beiden zu trösten. «Gute Musik setzt sich immer durch», behauptete er tapfer, «und den Blues wird es immer geben.» Im übrigen dürfe man das alles nicht so ernst nehmen. Er selbst habe die Beatles kommen und gehen sehen, von den Stones ganz zu schweigen. Er glaube nach wie vor an das *Comeback* von Eric Clapton, und er habe immer gewußt, daß auch der Punk mal irgendwann am Ende sei.

«Aber hör dir doch bloß die Hardrock-Scheiße an, die jetzt plötzlich wieder angesagt ist», warf John Mayall ein. «Hast du nicht von diesem komischen Typ gehört, der am Hof die Macht an sich gerissen hat und der außer Hardrock überhaupt nichts mehr duldet? Wie heißt denn der Typ noch schnell?»

«Schrott», sagte Eric Burdon.

«Nein, Schrot, Dr. Schrot», verbesserte Alexis Korner.

«Wie bitte?» fragte der König.

An dieser Stelle gebietet uns die Chronistenpflicht, den geneigten Leser über die dramatischen Vorgänge bei Hof zu informieren.

Unter Umständen, die bis heute noch nicht genau geklärt sind, hatte Dr. Schrot wenige Tage nach dem plötzlichen Verschwinden des Königs die Macht ergriffen und sich selbst an die Spitze der Hofband gesetzt. Man munkelt von einem Putsch, einem Überraschungs-Coup. Aber wie schon gesagt: es fehlt an zuverlässigen Zeugnissen. Für kommende Historikergenerationen wäre es eine der vornehmsten Aufgaben, die Hintergründe dieser seltsamen Machtübernahme aufzudecken und exakt nachzuzeichnen.

Sicher ist, daß Hofrat Dr. Schrot, der sich nun ERSTER VORSITZENDER nannte und mit «My Leader» angeredet werden mußte, nur wenige Stunden nach der Machtergreifung eine Verordnung erließ, die klipp und klar sämtliche Musikstile außer totalem Hardrock verbot. In den Plattenläden durften fortan nur noch AC/DC, Status Quo, Black Sabbath, Uriah Heep, Ted Nugent und ähnliche Delikatessen feilgeboten werden. Dr. Schrot kündigte die Bildung einer staatlichen Kommission an, die wöchentlich eine Liste der erlaubten Schallplatten veröffentlichen werde. Die Rundfunkredakteure erhielten Anweisung, ihre Programme gemäß der neuen Anordnung zu gestalten.

Pater Michael frühstückte gerade auf seinem Landgut, als er aus der Morgenzeitung von den Vorgängen am Hof erfuhr.

‹Nein›, dachte der Pater verblüfft, ‹das darf doch nicht wahr sein.› Er las die Meldung noch einmal genau durch, Wort für Wort. «Dieser Knallkopf», murmelte er schließlich und befahl, das Pony vor den kleinen Wagen zu spannen.

Nach seiner Ankunft im Schloß eilte der Pater sogleich in den Übungsraum, wo er, wie erwartet, die komplette Hofkapelle sowie den neuernannten *Leader* von eigenen Gnaden antraf. Pater Michael hielt dem Hofrat die Morgenzeitung unter die Nase. «Was soll das?» fragte er. «Sie sind wohl völlig verrückt geworden?!» Dr. Schrot schwieg. Auf seinen Wangen bildeten sich kreisrunde rote Flecken.

«Wenn Sie sich einbilden», fuhr der Pater mit lauter Stimme fort, «Sie könnten hier den musikalischen Herrgott spielen und Ihren verlausten Geschmack zur Staatsreligion machen, dann haben Sie sich in den Finger geschnitten, mein lieber Schrot. Ihren bekloppten Hardrock können Sie sich sonstwo reinschieben!»

«Sie sind verhaftet», sagte der Erste Vorsitzende mit gepreßter Stimme. Er wandte sich an den Henker. «Block, du sperrst den Pater ins Verlies!»

Der Henker blickte verdutzt auf den Pater und auf den Hofrat. «Ich soll ... was bitte?» fragte er.

Nippo lächelte asiatisch.

Prinz Jacob kratzte sich unterm Stirnband, während Marie-Johanna zur Decke starrte, wo es gar nichts zu sehen gab.

«Ich befehle dir, den Pater ins Verlies zu sperren», wiederholte Dr. Schrot leise und blickte den Henker fest an.

«Tja», meinte Harvey («Heavy Metal») Block etwas verlegen.

«Dann spielt mal weiter euer Kasperletheater», sagte der Pater und schritt erhobenen Hauptes aus dem Übungsraum, gefolgt von Harvey Block, der an seinem Schlüsselbund herumnestelte.

«So ein Arsch!» brummte der Henker auf der Kellertreppe.

Der Pater tippte sich an die Stirn.

«Hör zu, Harvey», sagte er dann, «gib mir als erstes mal den Zweitschlüssel und außerdem den Schlüssel zum Weinkeller. Dann läßt du mir das Klavier bringen, meinen Ohrensessel und die Dostojewski-Gesamtausgabe aus meinem Arbeitszimmer.»

«Und einen Ofen», sagte Harvey Block und grinste.

«Richtig», sagte der Pater.

Im Übungsraum herrschte betretenes Schweigen.

Endlich nahm Hofnarr Nippo seinen ganzen Mut zusammen und sagte: «Gestatten Sie eine Frage, *My Leader*. Nicht daß ich etwas gegen Hardrock hätte, aber ich bin Percussionist, und für mich, sagen wir mal, äh, für mich ist das nicht so ... nicht so interessant, ich meine ...» Nippo brach ab und suchte nach Worten.

«Ich verstehe», sagte der Erste Vorsitzende.

Gerade kam Harvey («Heavy Metal») Block wieder zur Tür herein.

Dr. Schrot sah ihn an.

«Nippo Lauch wird dem Pater Gesellschaft leisten.»

Henker und Hofnarr machten sich auf den Weg.

«Und nun zu Ihnen, wertes Fräulein», sagte Dr. Schrot zur erschrockenen Marie-Johanna. «Ich nehme an, daß auch Sie dem Hardrock nichts abgewinnen können.» Eine Antwort schien der Hofrat nicht zu erwarten. «Sie dürfen sich als entlassen betrachten. Es steht Ihnen frei, hier im Schloß zu bleiben. Selbstverständlich unter einer Bedingung.»

«Und die wäre?» hauchte tapfer das Burgfräulein.

«Keinerlei musikalische Betätigung.»

Marie-Johanna verschwand grußlos.

«Für dich und Harvey Block gilt ab jetzt folgende Regelung», sagte Dr. Schrot zu Prinz Jacob. «Montags bis donnerstags ist Probe, jeweils von 14 bis 18 Uhr. Freitags ist frei, samstags ist Konzert. Im Thronsaal.»

«Jeden Samstag? Nur Gitarre, Baß und Schlagzeug?» fragte Jacob verblüfft.

«So ist es», sprach der *Leader*.

Das Verlies lag direkt neben der Dienstwohnung des Henkers. Seine Frau Alice, eine dicke und fröhliche Person, war berühmt für ihre handfeste und schmackhafte Küche. Sie verwöhnte den Pater und Nippo Lauch mit allerhand Leckereien und Aufmerksamkeiten. Zum Frühstück gab es gebackene Eier mit Schinkenspeck, kleinen Pfefferwürsten und geschälten Tomaten; es gab Obstsalat und frischen Joghurt, französisches Weißbrot und Butterhörnchen, dazu Honig und selbstgemachte Konfitüren. Nippo pflegte Tee zu trinken. Der Pater liebte starken Kaffee und Mineralwasser.

Zum Mittagessen bot Frau Alice ihren «Gästen», wie

sie gerne sagte, zwei verschiedene Menus zur Auswahl an. Zum Auftakt gab es beispielsweise getrüffelte Gänseleberpastete in Süßweingelee oder Lauchtorte (Nippo war jedesmal entzückt), danach entweder Steinbuttfilets auf Blattspinat in einer leichten *Crème fraîche*-Soße oder aber überbackene Languste und Krebssalat; als Hauptgang schließlich eine zartrosa Flugente oder Bresse-Hühner mit Mirabellen, vielleicht auch Kalbsmedaillons oder Filet im Brotteig. Stolz war Alice auf ihre traditionellen Desserts, zum Beispiel luftigen Eierschnee mit Zitronenzucker, wundervoll erfrischende Sorbets, zartschmelzende Schokoladencreme oder karamelisierten Apfelkuchen, der ofenwarm serviert wurde.

Zum Fünf-Uhr-Tee überraschte Alice Block ihre Gäste mit selbstgemachtem Konfekt, Marzipantorte oder lockerem Nußkuchen.

Abends dann, wenn Harvey von seinen Proben kam, saß man in der gemütlichen Wohnküche der Henkersleute und aß Roastbeef mit Bratkartoffeln, Spaghetti oder asiatische Reisspezialitäten, die Frau Alice auf besonderen Wunsch von Nippo Lauch zubereitete.

Für Pater Michael war es ein täglich neues Vergnügen, vormittags nach dem Studium von Frau Alices Menuvorschlägen die passenden Weine aus dem wohlbestückten königlichen Keller auszuwählen. Es gab dort einfach alles, was das Feinschmeckerherz begehrte. Alte, würdige Bordeaux-Gewächse berühmter Jahrgänge, herrlich frische Weißweine aus dem Burgund und von der Loire, italienischen Chianti Classico und strohgelben Soave, aber auch trocken ausgebaute Rheingauer und fruchtige Württemberger. Ganz zu schweigen von der

reichen Auswahl an Champagnern, an alten Cognacs und uralten Armagnacs. «O mein Gott», stöhnte Pater Michael so manches Mal im Angesicht dieser Schätze.

Nippo verbrachte die meiste Zeit auf einer bequemen Couch, mit Kopfhörern auf den Ohren. Ab und zu übte er ein bißchen auf seinen Bongos oder spielte Schach mit dem Pater. Dieser wiederum machte nach dem Essen gern ein Nickerchen. Danach pflegte er sich in seinen alten Ohrensessel zu fläzen und im geliebten Dostojewski zu schmökern. Nach dem gemeinsamen Abendessen leistete ihm Harvey Block oft und gerne Gesellschaft, manchmal kamen auch Jacob und Marie-Johanna zu Besuch. Man redete über Gott und die Welt, man lachte, musizierte und sang die schönen alten Lieder. Frau Alice Block, die sich insgeheim schon immer eine große Familie gewünscht hatte, saß glücklich mit ihrem Strickzeug am Herd und lauschte der schönen Musik.

Bei den Proben im Übungsraum war die Stimmung um einiges gespannter. Der Prinz und der Henker klopften ihren Pflichtrhythmus ohne jede Begeisterung. Harvey hatte am zweiten Tag die Losung «Dienst nach Vorschrift» ausgegeben, und dementsprechend hörte sich die Musik auch an. Herzlos und öde.

Die ersten Samstagskonzerte waren noch einigermaßen glimpflich über die Bühne gegangen. In der Hoffnung auf Freibier waren sogar ziemlich viele Zuhörer erschienen. Aber schon beim dritten Auftritt spielte das Schrotsche Hardrock-Trio vor halbleerem Saal. Das nächste Konzert mußte ausfallen, weil zur Erbitterung des Ersten Vorsitzenden nur ganze zwei Zuhörer gekommen waren.

Dr. Schrot erließ prompt eine Verfügung, auf Grund derer die Bauern aus der Umgebung gezwungen waren, jeden Samstagabend im Thronsaal anzutreten und das Hardrock-Trio anzuhören. Den armen Bauern blieb zwar nichts anderes übrig, als der allwöchentlichen Zwangsvorladung nachzukommen, aber sie saßen mit demonstrativer Lustlosigkeit auf ihren Stühlen und hoben nur selten die müden Hände zum Beifall. Die meisten hörten sowieso nichts, weil sie sich vor dem Gang zum Schloß die Gehörgänge sorgfältig mit Ohropax vollgestopft hatten.

Trotz der höllisch lauten Musik sah man immer öfter schlafende oder sogar lauthals schnarchende Zuhörer im Publikum. Nennen wir die Wahrheit ruhig beim Namen: das Hardrock-Trio des Dr. Schrot war ein Reinfall, ein totaler Flopp. Selbst der Erste Vorsitzende mußte das zur Kenntnis nehmen. Man verzichtete auf die allwöchentlichen Konzerte und trat nur noch einmal im Monat vor das angewiderte Publikum.

Die Bauernburschen verloren im Lauf der Zeit sämtliche Hemmungen. Harvey Block erzählte eines Abends dem amüsierten Pater, die Zuhörer hätten nicht bloß, wie sonst, «Aufhören!» und «Buh!» geschrien, sondern dem Herrn Vorsitzenden sei mitten im großen Gitarrensolo eine reife Tomate an den Kopf geflogen. Hinten im Saal habe irgend jemand eine Stinkbombe losgelassen.

Fortan wurden die Bauern vor dem Betreten des Thronsaals gründlich gefilzt.

Im übrigen hielt sich so gut wie niemand im ganzen

Land an die Hardrock-Verordnung des Vorsitzenden Dr. Schrot. Jeder sang, pfiff, fiedelte und blies, wie es ihm gefiel. Die Schallplattenhändler machten Geschäfte wie nie zuvor, wenn auch unter dem Ladentisch. Dem eintönigen Radioprogramm hörte kein vernünftiger Mensch mehr zu, um so mehr aber entdeckten die Leute, wie schön es ist, selber zu musizieren.

Als der König frühmorgens mit den drei englischen Rock-Veteranen das Polizeirevier verließ, staunte er nicht schlecht. Über Nacht war der Winter gekommen, draußen lag friedlich und dick der Schnee.

«Ich schätze», sagte Alexis Korner mit rostbelegter Stimme, «wir machen uns auf, Richtung Süden.»

«Okay», sagte Eric Burdon. John Mayall nickte.

«Dann macht's mal gut», sagte der König und gab den Genossen die Hand.

«Bye», sagte Alexis freundlich.

«So long», sagte John. Eric hob die Hand zum Abschied.

Der König zog frierend den Kragen zusammen, lief rasch in die nächste Wirtschaft und bestellte ein kleines Frühstück mit O-Saft und zwei Eiern im Glas. Gerade las er behaglich im Feuilleton der *Süddeutschen Zeitung,* als ein flotter älterer Herr eintrat, den schneebedeckten Reisemantel herunterschüttelte, irgend etwas von «Sauwetter» murmelte und mit dem Wort «Gestatten?» an des Königs Tisch Platz nahm.

«Sie sind Musiker?» fragte der Neuankömmling mit einem Seitenblick auf des Königs Gitarre.

«Ja», antwortete der König und faltete die *Süddeutsche Zeitung* zusammen. Gerade hatte er einen mutig-besonnenen Artikel von Joachim Kaiser zu lesen begonnen, ein brillantes Stück Kulturkritik mit deutlichen Anspielungen auf den Hardrock-Erlaß des Ersten Vorsitzenden Dr. Schrot.

Wenn der König etwas nicht leiden konnte, dann waren es langweilige Frühstücksgespräche, aber er war gut erzogen und von Natur aus ein höflicher Mensch. «Welche Art von Musik machen Sie denn?» nervte der Fremde.

«Das ist nicht so leicht zu beantworten», erwiderte der König, «ich singe Lieder und spiele Gi...»

«Ich frage nur deswegen», unterbrach der andere, «weil ich selber ebenfalls ein Musiker bin, ein nicht ganz unbekannter Musiker, wenn Sie mir diese Bemerkung gestatten.» Er trommelte lächelnd mit den manikürten Fingern auf die Tischplatte. «Mein Name ist Walther von der Vogelweide.»

«Angenehm», log der König, «mein Name ist King.»

«Nun, Herr King, ein Glas Schampus unter Kollegen wäre doch wohl jetzt das einzig Wahre», rief Herr von der Vogelweide leutselig und rieb sich die Hände. «Bedienung!»

Das blonde Fräulein kam herbei und sagte gelangweilt: «Was bitte?»

Der Vogelweider musterte den beachtlichen Ausschnitt des blonden Geschöpfes, ließ dann den prüfenden Blick abwärts gleiten und setzte schließlich sein Fernsehgesicht auf. «Ein solch herrlicher Morgen muß gefeiert werden!» verkündete er munter. «Bringen Sie uns Champagner, schönes Fräulein!»

«Wir haben nur Schaumwein», lispelte das Bedienungsmädel.

«Macht nix, her damit!» befahl Herr von der Vogelweide, und charmant fügte er hinzu: «Für ein Gläschen werden Sie uns doch hoffentlich Gesellschaft leisten ...» Das Fräulein entschwebte mit hochroten Wangen und kam schon bald mit erneuertem Make-up, einer Flasche Hausmarke und drei Gläsern zurück. Herr von der Vogelweide ließ den Korken knallen, verschüttete ein wenig Schaumwein in den großen Ausschnitt der Blonden, brachte das Malheur unter galanten Entschuldigungen mit einem rasch hervorgezogenen Ziertüchlein routiniert wieder in Ordnung und füllte schließlich die Gläser. Er erhob sich und deutete eine leichte Verbeugung an, wobei er dem Fräulein tief in die Augen blickte. «Gestatten Sie, daß ich mich zunächst einmal vorstelle. Mein Name ist – Walther-von-der-Vogel-weide.»

«Nein», hauchte das Fräulein erschrocken und hielt die Hand vor den Mund.

«Doch», sagte fröhlich der Prominente und hob das Glas. «Alsdann: Prösterchen!»

Die Blonde verschluckte sich und lief dunkelrot an. Herr von der Vogelweide klopfte ihr väterlich auf den Rücken, streichelte ihr behutsam über die Schenkel und sagte: «Na, es geht ja schon wieder.» Erschöpft nickte das Fräulein. Der Vogelweider nahm einen großen Doppelschluck, schenkte sich nach und wies auf den König. «Darf ich noch Herrn King vorstellen.» Der König verbeugte sich.

Herr von der Vogelweide rückte dicht zu dem immer noch mitgenommenen Mädel und flötete: «Und wie heißt denn das schöne Kind?»

«Babsi», flüsterte das schöne Kind.

Der Vormittag verging wie im Fluge. Herr von der Vogelweide erzählte aus seinem ereignisreichen Leben, von seinen großen Erfolgen und von seinen zahlreichen Abenteuern. Er streifte flüchtig seine Anfänge als Schauspieler und Showmaster und ging um so ausführlicher auf jene mittlere Phase seines Künstlerlebens ein, in der er plötzlich die Berufung in sich verspürt habe, Minnesänger zu werden.

«Nicht irgendein Sänger», sagte Herr von der Vogelweide, «sondern der Größte.»

Bis zum Mittag waren vier weitere Flaschen Schaumwein geleert, wobei sich der König mit insgesamt zweieinhalb Gläschen sehr zurückgehalten hatte. Herr von der Vogelweide hantierte mittlerweile ungeniert an der kichernden Babsi herum, unterbrach seine Erzählungen immer wieder einmal mit lustigen Scherzen wie «ein Küßchen in Ehren ...» usw. oder machte artige Komplimente über die vielversprechenden Aussichten, die das gewaltige Dekolleté des Fräuleins dem Kenner böte.

Gegen halb drei betrat ein älteres Ehepaar die Wirtschaft und nahm in der gegenüberliegenden Ecke Platz.

Babsi saß gerade auf dem Schoß des Herrn von der Vogelweide und bemühte sich, seine Hand unter ihrem Rock zu bändigen, während der schaumweinbefeuerte Barde ihr etwas Unanständiges ins Ohr flüsterte.

«Bedienung!» rief der ältere Mann aus der andern Ecke. «Huch!» machte Babsi, rutschte dem verdutzten Vogelweider vom Knie und zupfte sich den Rock zurecht.

«He, hiergeblieben!» Der Sänger griff nach der kichernden Babsi. Zu dem Ehepaar gewandt, sagte er laut und fröhlich: «Heute – ups, Tschuldigung – heute gibs keine Bedienung, verstann? Aber wenn Sie ganz, ganz lieb und artig sind, dürfen Sie vielleicht ein Gläschen Schampus mit uns trinken. Auf unser Wohl natürlich, klar?» Er lachte den König brüllend an. «Na, wie war das?» fragte er und zog das blonde Gift energisch auf seinen Schoß zurück.

Der König schwieg betreten.

Das Ehepaar stand auf und machte sich auf den Weg zur Tür.

«Halt!» rief Walther von der Vogelweide und warf sein Glas hinter sich. «Moment!» Er entließ die strampelnde Babsi aus seinem Klammergriff, stand auf und wendete sich leicht schwankend gegen das ältere Paar. «Sie wissen wohl nicht, wen Sie vor sich haben», rief er mit plötzlichem Zorn. «Ich bin Harald – äh – Walther von der Vogelweide. Jawoll! Der größte Volkssänger und Entertainer aller Zeiten! Damit das klar ist! Etwas mehr Respekt, meine Herrschaften, wenn's recht ist!»

Der ältere Mann zog seine wie gelähmt starrende Ehehälfte rasch aus der Tür.

Herr von der Vogelweide ließ sich auf den Stuhl fallen und leerte wütend sein Glas. «Diese Banausen», murmelte er mit geballter Faust. Babsi tröstete ihn mit zwei Küßchen und entkorkte schnell eine neue Flasche.

Bald hatte sich der sensible Künstler wieder beruhigt. Er schien den kleinen Zwischenfall vergessen zu haben und begann zu erzählen, wie er dem österreichischen Herzog Leopold VI. («dem alten Trottel») und seiner Frau Theodora («dieser byzantinischen Kuh») um ein Haar das ihm schon längst zustehende Lehen in der Steiermark aus den Zähnen gerissen habe, im letzten Moment sei die Sache aber auf Grund einer miesen Intrige leider schiefgelaufen; er werde es diesen kleinkarierten Gaunern schon noch heimzahlen, «wer zuletzt lacht», rief er drohend; er habe schon mit dem Gedanken gespielt, in die Politik zu gehen, der Kollege Reagan habe ja schließlich gezeigt, wie man so was macht. «Aber was soll's», rief Walther von der Vogelweide mit dramatischer Gebärde, «soll ich mich auf diese schmutzigen Händel einlassen? Soll ausgerechnet ich mir die Finger dreckig machen?» Er kippte sein Glas auf ex. Babsi hing bewundernd an seinen nassen Lippen. Er tätschelte ihren Arm. «Ich glaube, wir brauchen jetzt was Handfestes. Bring mal drei große Bier und eine Runde Malteser.»

Es war spätnachmittags, nach vielen Bieren und allerhand Schnäpsen, als Herr von der Vogelweide plötzlich erschrocken auf die Uhr schaute. «O je», stöhnte er, «wir ham ja schon – ups – 6 Uhr. Verdammnochma, ich muß sofort in die – ups – Stadthalle. Ich habe da nämlich ein Konsert.» Traurig blickte er in die Runde. «Was mach – ups – ich denn bloß?»

Er stierte lange auf den König.

«Du könntest – wie war noch dein Name? – die Leute erst mal ein bißchen, äh, aufhalten. Nein, unterhalten.

Ich komme dann später.» Er wedelte mit der Hand und stieß wiederholt auf. «Als Höhepunkt der Show.»

Auf diese Weise kam der König zu seinem ersten Konzertauftritt.

Im nachhinein darf man, ja muß man sogar sagen, daß gerade dieses Konzert den eigentlichen Durchbruch in der künstlerischen Laufbahn unsres Königs brachte. Dabei hatte sich der Abend wirklich nicht sehr günstig angelassen.

Das Publikum in der etwa zur Hälfte ausverkauften Stadthalle war auf Walther von der Vogelweide eingeschworen und auf sonst nichts. Ein Vorprogramm hatte kein Mensch erwartet, und als der König die Bühne betrat, wurde er mit Ablehnung und Feindseligkeit empfangen. Langanhaltendes «Buuuh!» war zu hören. «Betrug!» schrie jemand von hinten. Doch schon nach den ersten beiden Stücken, «50 Ways To Leave Your Lover» von Paul Simon und «Yesterday» von Paul McCartney, wurde es still im Saal.

Der König faßte sich ein Herz und sang – zum erstenmal vor der Öffentlichkeit – ein selbstkomponiertes Lied. Es hieß «Jetzt & Heute» und war eine traurige Ballade über die vergeblichen Bemühungen um ein nichtentfremdetes Leben in der hochmittelalterlichen Aufbruchsgesellschaft. Der schlichte, aber präzise Text dieses Liedes im Verein mit der nachdrücklich-melancholischen Melodie und den satten Akkorden, die ständig an ein längst vergangenes Glück zu erinnern schienen – obgleich jede harmonische Wendung aufs neue überraschte –, all das bekehrte auch den letzten Zweifler im Saal. Die Zuhörer waren schier verzaubert vom bittersüßen Klang dieser Stimme und von der emotionalen Kraft des Liedes. Ein langer und starker Beifall entbrannte, der König mußte sich wieder und wieder verbeugen. Man ließ ihn buchstäblich kaum weitersingen.

Der Rest des Abends stand – zumindest für unsern König – unter einem guten Stern. Er sang beinahe alle seine Lieblingslieder, er sang nahezu drei Stunden, das Publikum erklatschte eine Zugabe nach der anderen. Als der König gerade «Uma Vez Um Caso» von Edu Lobo beendet hatte (einen der schönsten Songs, die jemals geschrieben worden sind), hörte er hinter sich aus der Kulisse ein scharf gezischtes «Genug jetzt! King, mach Schluß!» Es war Walther von der Vogelweide.

Die Kritiker priesen den ersten Konzertauftritt des Königs als «wahre Überraschung», als «die Sensation der Saison» und als «Wohltat». Herr von der Vogelweide bekam anerkennende Worte zu hören für den Mut, ein solches Kaliber als Vorprogramm zu präsentieren. Sein eigener musikalischer Beitrag wurde mit keiner Zeile gewürdigt. Die *Frankfurter Rundschau* veröffentlichte unter der Schlagzeile «Das Vorprogramm und das Hauptprogramm» eine kritische Betrachtung, die an Walther von der Vogelweide kein gutes Haar ließ und den König in den Himmel lobte. Mit keinem Wort wurde in dieser scharfsinnigen Analyse auf die musikalischen Inhalte eingegangen, vermutlich aus taktischen Gründen, das heißt, um den König keiner unnötigen Gefahr auszusetzen, denn schließlich war ja der Hard-

rock-Erlaß des Dr. Schrot damals noch in Kraft, wenn auch nur auf dem Papier. Herr Walther von der Vogelweide machte dem König mit gemischten Gefühlen das Angebot, weiterhin für ihn das Vorprogramm zu bestreiten. Er könne zwar beim besten Willen außer Spesen nichts zahlen, sagte der Vogelweider, aber dafür habe der König ja schließlich die Chance, vor einem großen Publikum aufzutreten, ein Werbeeffekt, der ja letztlich höher einzuschätzen sei als das schnöde Geld.

Der Altprofi sollte in ungeahnter Weise recht behalten. Seine Konzerte waren bald in aller Munde. Schon Wochen im voraus wurden die Eintrittskarten auf dem schwarzen Markt zu Phantasiepreisen gehandelt. Nur kamen die Leute – was Herr Walther anfänglich nicht wahrhaben wollte – nicht so sehr wegen der groß angekündigten Hauptattraktion des Abends, sondern wegen THE KING, wie unser König schon bald in der Szene genannt wurde.

Während der großen Pause, nach der letzten Zugabe des Königs, sah man die Jugend scharenweise aus dem Saal strömen. Draußen vor der Halle wurden die Eintrittskarten dann weiterverscherbelt, meistens an ältere Damen, die bereits ungeduldig Schlange standen. Ein faires Geschäft, ohne Frage, denn auf diese Weise genossen die jungen Leute die Konzerte des Königs zum Nulltarif, und der harte Kern der eingeschworenen Walther-Fans mußte sich nicht durch ungewohnte Klänge irritieren lassen.

Für Herrn Walther von der Vogelweide hatte der Erfolg des Königs – auf den ersten Blick jedenfalls – durchaus seine Vorteile, ganz abgesehen von den stattlichen

Summen, die er allabendlich einsteckte. Der alternde Minnesänger erlebte im Windschatten seines «musikalischen Patenkindes», wie er vor der Presse zu sagen pflegte, noch einmal einen späten Aufschwung. So konnte er zum Beispiel in jenen Wochen auf dem Gebiet der Erotik ein paar schöne Erfolge erzielen.

Herr von der Vogelweide beschloß, den König noch eine Weile unter seinen Fittichen zu behalten. «Never Change A Winning Team», schmunzelte er gerne beim Zählen der Abendkasse.

Eine Woche vor Weihnachten ging die Tournee zu Ende.

Am Abend nach dem letzten Konzert war der König durch Zufall in eine Studentenkneipe geraten, wo er in Ruhe noch ein Bier trinken wollte. Er saß müde und glücklich an einem Ecktisch und rauchte eine Zigarette. Walther von der Vogelweide hatte ihm zum Abschluß der erfolgreichen Tournee eine Gratifikation von stattlichen 1000 DM ausgezahlt und ihm den Rat mitgegeben, erst mal ordentlich auszuspannen. Er selbst werde, so hatte der Minnesänger beiläufig gesagt und eine Zigarette aus seinem silbernen Etui gefischt, die Festtage bei Axel Springer auf Sylt verbringen und anschließend mit Ex-Kaiserin Soraya («bißchen abgelaufen, aber nett») in St. Moritz einen längeren Skiurlaub machen. Bei diesen Worten war dem Unterhaltungskünstler das Zigarettenetui entglitten. Der König hatte sich höflich unter den Tisch gebückt, um das kostbare Stück aufzuheben.

Auf dem Deckel der silbernen Schachtel waren die Initialen H. J. eingraviert.

Des Königs Gedanken kreisten immer noch um diese

«Never Change A Winning Team» …

... schmunzelt Walther von der Vogelweide beim Zählen der Abendkasse ... Höchst märchenhaft und doch so wahr:

Einem bewährten Partner für sicheren Gewinn sollte man unbedingt die Treue halten.

seltsame Entdeckung, als ihm beim zweiten Bier plötzlich einfiel, wie Herr Vogelweide damals, am ersten Tag ihrer Bekanntschaft, in angetrunkenem Zustand durch die Wirtschaft gerufen hatte «Ich bin Harald – äh – Walther von der Vogelweide». Sollte ‹Walther von der Vogelweide› am Ende nur ein Pseudonym sein? Ein Künstlername? Aber wie hieß der Barde dann in Wirklichkeit? Harald J...?

«Hallo», sagte plötzlich eine fröhliche Stimme, «wenn ich mich nicht täusche, bist du der King, der vor zwei Stunden so schöne Lieder gesungen hat.»

Neben ihm hatte ein Mädchen Platz genommen, das ihn neugierig musterte. Das Mädchen hatte ein hübsches Gesicht mit Sommersprossen, braune Locken und lustige Augen. «Ich wollte schon immer mal einen prominenten Sänger kennenlernen», sagte sie lachend, «wie fühlt man sich denn so als *Superstar*?» Ihre Stimme hatte einen angenehm ironischen Unterton, der dem König aus der ersten Verlegenheit half.

«Gott sei Dank fühle ich mich noch ganz normal», entgegnete er und lächelte ebenfalls.

Es wurde eine lange und angeregte Unterhaltung. Natürlich sprach man über Musik (wobei sich rasch herausstellte, daß der König und das Mädchen einen verblüffend ähnlichen Geschmack hatten). Der König erzählte ein bißchen vom Leben *On The Road* und über die falschen Vorstellungen, die sich viele Leute vom Musikerdasein machten. Man redete übers kalte Winterwetter und über gemütliche Kneipen, man streifte kurz die politische Lage und entdeckte lachend die gemeinsame Vorliebe für das Buch «Hallo».

Als der Wirt um halb zwei abkassierte, waren der König und das Mädchen die letzten Gäste.

Der König zahlte.

«Merci», sagte das Mädchen, blickte dem König in die Augen und gab ihm einen überraschenden Kuß auf die Wange. «Vielleicht sehen wir uns mal wieder», fügte sie hinzu und verschwand.

«Feierabend», mahnte der Wirt.

Im Hotelbett, ein paar schlaflose Stunden später, schlug sich der verliebte König jählings an die Stirn. Er knipste das Licht an, ging zum Fenster und sah auf die Schneeflocken im Schein der Straßenlaterne.

‹Ich Idiot›, dachte er gequält, ‹ich habe sie noch nicht einmal nach ihrem Namen gefragt.›

‹Ich muß sie wiedersehen›, dachte der König beim Aufwachen, ‹und wenn ich Abend für Abend in dieser Kneipe verbringe.›

Ein paar Minuten später saß er im schlecht geheizten Frühstückszimmer vor einem dünnen Kaffee und überflog geistesabwesend den Wohnungsmarkt der Tageszeitung.

Über den Winter mußte er unbedingt eine feste Bleibe finden. Am besten ein ruhiges möbliertes Zimmer. Er wollte neue Songs schreiben und für die geplante Frühjahrstournee mit Walther von der Vogelweide ein völlig anderes Programm einstudieren. Schon der bloße Gedanke an den Vogelweider schlug dem König auf den Magen. Er stellte den Kaffee weg und machte sich wieder an die Lektüre der Wohnungsanzeigen.

Schöne möbl. 1-Zi.-Whng., las er, *an ruhige ältere berufst. Dame zu verm. Keine Ausl., Stud., Haustiere oder Kleink. erwünscht.*

Der König machte einen Strich durch die Anzeige.

Punk-Wohngem. sucht geilen Sänger (James White, Sid Vicious o. ä.). Nur für eisenharten Knecht. Hippies etc. zwecklos.

Der König machte wieder einen Strich.

1-Zi.-App. in zentraler Lage, komf., Aufz., Müllschl., kompl. einger. Kü., sehr preisw., an national gesinnten Verbindungsstudenten zu verm.

Der König seufzte.

Lockenkopf sucht musikalischen Untermieter.

Das hätte er gerne gelesen. Aber leider kommt so etwas ja nur im Märchen vor.

Der König wollte schon aufgeben, da stutzte er.

Schönes Zimmer in ländl. Umgebung, nur an friedlichen Menschen zu verm.

‹Das wär's doch vielleicht›, dachte der König. Er notierte sich die Adresse und machte sich auf den Weg zum Bahnhof. Die Anzeige war lediglich mit *Müller* unterzeichnet gewesen und mit einem Ortsnamen, der dem König nicht viel sagte.

Die Zugfahrt dauerte eine Stunde. Dann mußte der König auf einen klapprigen Bahnbus umsteigen und landete nach einer weiteren halben Stunde in einem gottverlassenen Nest, das aus drei Häusern, einer Kirche, einem Friedhof und einer Wirtschaft bestand. Die Dächer trugen dicke Schneemützen, kein Laut war zu hören außer dem dünnen Bimmeln des Kirchturmglöckchens. Der König stapfte zum Wirtshaus und betrat die Schankstube. Eine steinalte Frau mit dickem Wollschal putzte den Tresen. Der König mußte seine Frage zweimal sehr laut wiederholen, bis die Alte verstanden hatte. «Der Müller, ach so, der wohnt drüben, überm Berg. Immer den Weg entlang hinterm Friedhof, ungefähr eine halbe Stunde, dann sehen Sie unten im Tal die Mühle.»

Der König schulterte sein Gepäck und ging in die Kälte hinaus. Es schneite schon wieder, der König fror, und das Laufen im tiefen Schnee war mühsam und anstrengend. Die Kirchturmglocke war noch lange zu hören, der König marschierte mit weißem Atem den stillen Berg hinauf. Einmal rutschte er aus und verstauchte sich schmerzhaft den linken Knöchel. ‹Wie soll ich von hier aus jemals wieder in die Studentenkneipe kommen›, dachte er verbittert. Und weil er ganz alleine war, sagte er laut zu den verschneiten Bäumen: «Verdammte elende Scheiße!»

Schließlich ging es wieder bergab, und bald sah der König unten im Tal die Mühle. Erschöpft und fluchend humpelte er darauf zu, während seine Gedanken um ein hübsches Gesicht mit lustigen Augen, Sommersprossen und braunen Locken kreisten.

Endlich erreichte er die Mühle. Er stellte das Gepäck und die Gitarre ab, verschnaufte einen kurzen Moment und klopfte an die Tür. Von drinnen waren Schritte zu hören. Dann öffnete sich die Tür, und der König hatte eine Erscheinung.

Er blickte in ein hübsches Gesicht mit lustigen Augen, Sommersprossen und braunen Locken.

Nach einer winzigen Ewigkeit sagte die fröhliche Stimme, die der König bereits kannte: «Wenn du den

Mund noch länger offen läßt, könnte es vielleicht hineinschneien.»

Der König hatte das Gefühl, als würden seine Knie jeden Moment nachgeben. Er schluckte und brachte ein mühsames «Ja, aber –» heraus.

Das Mädchen sagte: «Komm doch erst mal rein.» Der König trat in den Flur und überlegte, ob er wohl gleich aufwachen und an die Hoteltapete stieren würde.

«Wie hast du denn bloß meine Adresse herausgefunden?» fragte das Mädchen lächelnd.

«Das ist ja das Irre», antwortete der König, «ich bin wegen der Anzeige hier, wegen dem Zimmer.»

«Ach so», lachte das Mädchen, «ich dachte schon, du seist wegen mir gekommen.» Bevor der König weiterstottern konnte, rief die Müllerstochter laut: «Vater, komm mal her, ein Untermieter-Kandidat ist aufgetaucht.»

Der König zog den Mantel und die nassen Stiefel aus, hängte die Mütze an den Haken und folgte dem Mädchen in die gute Stube. Ein Kachelofen bollerte in der Ecke, es roch nach Kaffee und Kuchen. Durch die beschlagenen Fensterscheiben konnte man die verschneiten Wiesen erahnen.

Das Mädchen lächelte.

Dem König zog eine heftige Wärme durch die Herzgrube.

Durch die andere Tür trat ein kleiner, dicker, kahlköpfiger Mann mit einer funkelnden Brille. Er trug eine Art Hauskittel und hatte große Pantoffeln an den Füßen.

«Vater, das ist Herr King, er möchte das Zimmer mieten.»

«Angenehm, Müller», sagte derselbe, lächelte lebhaft und gab dem König eine feste, trockene Hand. «Sie sind an dem Zimmer interessiert, soso. Dann wollen wir uns doch erst mal setzen. Bitte sehr.» Die beiden Männer setzten sich an den Tisch. «Sei doch so gut», sagte der Müller zu seiner Tochter, «und bring uns eine Tasse Kaffee. Ein Cognac könnte bei dem Wetter auch nichts schaden. Und vergiß den Streuselkuchen nicht.» Er wendete sich freundlich an den König. «Darf ich Sie fragen, Herr ...»

«King», sagte der König.

«Herr King», fuhr der Müller fort, «was Sie von Berufs wegen so treiben?» Hinter seiner Brille blickten die gleichen schalkhaften Augen, die der König von dem Mädchen her kannte. «Es ist ja nicht bei allen Leuten so einfach wie bei mir», sagte der Müller lachend, bevor der König auf die Frage antworten konnte.

«Ich bin ... ich spiele ... das heißt ...» begann der König und bekam urplötzlich eine jähe Angst, der Müller könnte vielleicht aus irgendeinem Grunde etwas gegen Musiker haben.

Panikartig suchte er nach Worten, als die Müllerstochter mit dem Tablett an den Tisch trat und sagte: «Er ist Musiker. Ein sehr talentierter sogar.» Offenbar hatte sie die Frage des Vaters durch die offene Tür gehört.

Der Müller blickte seine Tochter erstaunt an. «Woher weißt du denn das?»

Das Mädchen machte eine vielsagende Miene, stellte die Kaffeetassen auf den Tisch und sagte, als ob das die selbstverständlichste Sache der Welt sei: «Du wirst lachen, Vater, ich habe ihn sogar schon gehört. Gestern abend in der Stadthalle. Er hat das Vorprogramm von Walther von der Vogelscheuche bestritten.»

«Ach *Sie* waren das? Natürlich, King, der Name war mir doch irgendwie geläufig», rief der Müller und kramte hektisch auf der Ofenbank. «Hier», sagte er eifrig und deutete auf die Tageszeitung, «Sie haben ja eine Mordskritik bekommen. Gratuliere!»

Dem König fiel ein Mühlstein vom Herzen.

Herr Müller schenkte Cognac ein, hob sein Glas und sagte feierlich: «Willkommen unter unsrem bescheidenen Dach, Herr King!»

Bei Kaffee und Streuselkuchen erfuhr der König an diesem Nachmittag, daß der Müller schon immer ein großer Freund der Musik gewesen war. In seiner Jugend habe er davon geträumt, Altsaxophon in einer Jazzband zu spielen, erzählte der bewegliche kleine Mann.

«Kennen Sie Charlie Parker? Was, Sie kennen Charlie Parker nicht? *The Bird?* Charlie Parker war der Größte! Ein Genie!»

Der Müller warf schwärmerisch eine Kußhand Richtung Zimmerdecke.

«Sie *müssen* Charlie Parker kennenlernen! Ich werde Ihnen sofort eine Platte vorspielen!»

Er wollte aufspringen, wurde aber von seiner Tochter am Arm festgehalten. «Bitte, bitte, Vater», sagte sie mit etwas übertriebenem Schmollmund, «nicht gleich. Nicht jetzt. Laß uns doch erst mal in Ruhe Kaffee trinken.»

«Na gut», sagte der Müller, «aber dann später.»

Er nahm wieder Platz und erzählte, wie der Scheißkrieg einen Strich durch seine Jugendträume gezogen habe, leider; auch habe er nach dem viel zu frühen Tod seiner lieben Frau die väterliche Mühle übernehmen müssen – an dieser Stelle wurde der lebhafte Mann einen Moment lang sehr ernst, blickte aber gleich darauf liebevoll auf seine Tochter –, außerdem habe er «dem werten Fräulein, das hier neben Ihnen sitzt», in ihrem Säuglingsalter nicht das unstete Leben eines Jazzmusikers zumuten wollen. «Ich hätte sie doch schlecht im Saxophonkoffer durch die verrauchten Jazzclubs schleppen können, oder?» fragte der Müller. «Nun ja», schloß er, mit dem Traum vom Saxophonisten sei es halt nichts geworden, aber das Müller-Dasein sei auch nicht übel, außerdem wesentlich gesünder, und schließlich spiele er ja hin und wieder in seiner Freizeit auf dem Altsaxophon, nur für sich halt, nichts Besonderes, nur so aus Spaß an der Freud.

«Hin und wieder ist gut», sagte seine Tochter, «er spielt dummerweise jeden Tag.»

Der Müller blickte tief beleidigt in sein Cognacglas. Dann sagte er zum König: «Ich muß schon deswegen so oft spielen, damit ich den Gesang meiner Tochter nicht höre. Reine Notwehr.»

Das Mädchen versuchte ihren Vater in die Seite zu boxen, aber der wich geschickt aus, so daß die Müllerstochter um ein Haar mit dem Stuhl umgekippt wäre. Nach dem Kaffee zeigte Herr Müller dem König das Zimmer. Es war ein freundlicher, heller Raum im ersten Stock der Mühle. Aus dem Fenster konnte man das Tal überblicken. Neben dem Bett mit der karierten Decke stand ein fester Tisch mit einem Stuhl davor. An der gegenüberliegenden Wand sah der König einen großen, naturfarbenen Schrank, daneben ein Waschbecken mit Spiegel. In der Ecke knisterte der Ofen.

Über dem Bett an der Wand hing ein gerahmtes Foto. Etwas unscharf zeigte es einen pummeligen, dunkelhäutigen Mann in einem altmodischen Zweireiher, der ein Saxophon in der Hand hielt.

«Charlie Parker», sagte Herr Müller.

«Das Zimmer gefällt mir sehr», sagte der König.

«Na fein», freute sich Herr Müller und nahm seinem neuen Untermieter das Versprechen ab, bei einem Gläschen Wein nach dem Abendessen wenigstens *eine* Platte des genialsten Saxophonisten aller Zeiten anzuhören.

Es wurde ein wunderschöner Abend, trotz der eigenwilligen Musik, die der König nie zuvor gehört hatte. Der Müller schloß verklärt die Augen bei den schrägen Tönen Charlie Parkers, seine Tochter verzog manchmal das Gesicht hinter dem Rücken des Vaters.

Kurz vor Mitternacht entschuldigte sich der Müller für einen Moment mit den Worten, er müsse nur rasch etwas holen. Der König sagte zu dem Mädchen: «Darf ich dir schnell zwei Fragen stellen?»

«Nur zu», lächelte die Müllerstochter.

«Warum hatte dein Vater in der Anzeige ausdrücklich einen *friedlichen* Untermieter gesucht?»

«Warte, bis du ihn spielen hörst.» Sie lachte. «Und die zweite Frage?»

«Wie heißt du?»

«Caroline», sagte das Mädchen. «Aber eins sage ich dir gleich: Du darfst *niemals* Charlie zu mir sagen. *Nie!*»

In diesem Moment kam der Müller freudestrahlend in

die Stube zurück. In der Hand hielt er ein altes, sorgfältig poliertes Saxophon.

«Bitte nicht», bettelte Charlie beziehungsweise Caroline Müller. «Es ist doch schon so spät.»

«Na und?» protestierte ihr Vater. «Ich will es doch nur mal ganz kurz zeigen.»

Er schloß die Augen und begann sehr laut zu spielen. Caroline Müller zog eine schmerzliche Grimasse.

Der König hörte höflich zu.

Eine Stunde später gingen überall in der Mühle die Lichter aus.

Herr Müller dachte vor dem Einschlafen an Charlie Parker.

Caroline Müller dachte vor dem Einschlafen an den König und wunderte sich, was es doch für verrückte Zufälle gab.

Der König dachte an Caroline Müller und konnte vor Herzklopfen kaum einschlafen.

Am Heiligen Abend saß der Erste Vorsitzende Dr. Schrot allein im Thronsaal, trank zwei Gläschen Sektschorle und grübelte über das schier unlösbare Problem nach, wie man die Konzerte seines Hardrock-Trios wieder attraktiver gestalten könnte, verdammt noch mal.

Unten im Keller, in der Dienstwohnung des Henkers, saß eine fröhliche Runde um den Küchentisch und verspeiste die wunderbar knusprige Pute, die Frau Alice Block unter dem lebhaften Beifall der Gäste auf den Tisch gebracht hatte. Es gab Klöße und Apfelrotkraut dazu und selbstverständlich einen erlesenen Roten. In der Ecke stand ein großer, festlich geschmückter Weihnachtsbaum. Nach dem Essen griff Pater Michael in die Tasten, und die Tischrunde stimmte eines der schönen alten Lieder an. Marie-Johanna sang die Oberstimme. Der bedröhnte Jacob hielt ihr unter dem Tisch die Hand und improvisierte sehr gewagte Nebenmelodien. Nippo Lauch und Frau Alice Block vertraten die Mittellage, während der Henker und Pater Michael im Baßregister für ein solides Fundament sorgten.

In der Mühle saß man nach dem Essen (ebenfalls Pute) noch lange am Kachelofen. Der König hatte für Herrn Müller auf dem schwarzen Markt eine Platte mit bisher unveröffentlichten Charlie Parker-Aufnahmen besorgt. Die Platte hieß *Bird / The Savoy Recordings (Master Takes)*, und Herr Müller war vor Freude wie ein kleiner Junge unter dem Weihnachtsbaum herumgesprungen. Seine Tochter hatte ihm ein Paar superleichte japanische Kopfhörer geschenkt, die er nun schon seit Stunden auf dem kahlen Schädel trug. «Ah! Phantastisch!» rief er immer wieder, viel zu laut.

Der König blätterte in den Briefen von Gustave Flaubert, ein Geschenk der Müllerstochter.

Caroline blickte schon den ganzen Abend versonnen in den warmen Schein einer kleinen Tischlampe, die der König bei einem Trödler aufgetrieben hatte. Am unteren Rand des gläsernen Lampenschirms konnte man die eingeätzten Worte *Muller Frères* erkennen, in winziger Schrift. Darüber freute sich Caroline Müller am allermeisten.

Es war schon spät, lange nach Mitternacht. Herr Müller hörte unter seinen Kopfhörern immer noch die legendären Savoy-Aufnahmen und schrie in regelmäßigen Abständen «Spitze!», «Irre!» oder «Super!»

Da nahm sich der König ein Herz. Er beugte sich nah ans Ohr der schönen Müllerstochter.

«Kinder!» schrie in diesem Moment der treueste Verehrer Charlie Parkers. «Das ist ja der echte Wahnsinn!»

Bald ging es auf das Frühjahr zu.

Überall klatschte der nasse Schnee von den Dächern und von den Bäumen, die Flüsse traten über die Ufer, immer öfter brach die Sonne durch die Wolken – mit einem Wort: es herrschte Tauwetter.

Der Erste Vorsitzende Dr. Schrot hatte in diesen Wochen den ursprünglich sehr strengen Hardrock-Erlaß durch mehrere neue Ausführungsbestimmungen gelokkert. Nicht etwa, daß sich in Herrn Dr. Schrot ein Gesinnungswandel vollzogen hätte, ganz im Gegenteil. Für den Ersten Vorsitzenden war AC/DC nach wie vor das musikalische Grundgesetz. Nur hatte er zähneknirschend einsehen müssen, daß der Hardrock-Erlaß ein Schuß in den Ofen gewesen war. Hardrock, so hatte ihm sein musikalischer Geheimdienstchef Remigius Schmudorf eines Tages mit schneidender Offenheit ins Gesicht gesagt, habe laut Auskunft des Nachrichtendienstes RUNDY während der Herrschaftsperiode des Ersten Vorsitzenden ganz gewaltig an Beliebtheit verloren.

Außerdem war es in letzter Zeit zu einer Reihe von besorgniserregenden Vorfällen gekommen, die dem Herrn Dr. Schrot schlaflose Nächte bereiteten.

Angefangen hatte die Bescherung kurz nach Silvester

mit einer Punk-Revolte in der Küche des Palastes. Nur mit Mühe konnte der Aufstand niedergeschlagen werden.

Doch seither war der Teufel los.

Beinahe täglich wurden aus allen Teilen des Landes Terroranschläge und Sabotageaktionen gemeldet, zu denen sich nicht nur sogenannte New-Wave-Gruppen bekannten – beispielsweise AUSWURF, KOTZBROKKEN oder IDEALE KRAMPFADERN –, sondern zunehmend auch konservative bis reaktionäre Kapellen, die unter so merkwürdigen Namen wie DIE EGERLÄNDER, CIA oder FRANZ-EMU-STIFTUNG auftraten.

Seit der Ausführungsbestimmung Nr. 3 zum Hardrock-Erlaß – also seit Anfang des neuen Jahres – durfte jeder Bürger unter Hardrock verstehen, was immer er wollte. Prompt wurden sogar Udo (Jürgens), Hans Last, ja selbst Otto Waalkes als Hardrock verkauft. Ein Etikettenschwindel ungeheuren Ausmaßes hob an.

Es ging drunter und drüber.

Geheimdienstchef Schmudorf beschwor den Ersten Vorsitzenden eindringlich, zu den Thronsaal-Konzerten (die im Volksmund schon längst Dröhnsaal-Konzerte genannt wurden) in Zukunft jeweils einen Gastsolisten einzuladen. «Nur so, *My Leader*, können Sie den Feind wirksam kontrollieren», rief Herr Schmudorf mit rotem Kopf. Das leuchtete dem Ersten Vorsitzenden ein.

Um bei der Bevölkerung einen guten Eindruck zu machen, erließ er eine musikalische Generalamnestie für alle Regimegegner, mit Ausnahme der radikalen Punk-Bewegung und der orthodoxen Free-Jazz-Fraktion.

«Der Terrorismus, egal ob von rechts oder von links, verdient kein Pardon!» rief Dr. Schrot im Fernsehen und versuchte so entschlossen auszusehen wie Ronald Reagan in der Rolle des damaligen bayerischen Ministerpräsidenten.

An Pater Michael und Nippo Lauch erging in diesen Tagen das verschlüsselte Angebot, unter «bestimmten Bedingungen, über die gesonderte Verhandlungen geführt werden müßten», wieder bei der Hofband einzusteigen.

Pater Michael lehnte dankend ab.

Nippo Lauch bat um Bedenkzeit.

Die Frage des Gastsolisten bei den Thronsaal-Konzerten bereitete dem Ersten Vorsitzenden einiges Kopfzerbrechen. Der Gast*star* mußte einerseits populär genug sein, um möglichst viele Zuhörer anzulocken. Andererseits konnte er, Dr. Schrot, sich ja nicht einfach die Schau stehlen lassen. So ging's ja schließlich auch nicht. Ein Mittelweg mußte gefunden werden, ein kluger Kompromiß. Vielleicht sollte man irgendeinen talentierten *Newcomer* auftreiben, ein neues Gesicht ohne große Erfahrung. ‹Jawoll›, dachte Dr. Schrot, ‹das ist es!›

Der Erste Vorsitzende ließ seinen Generalsekretär antreten und befahl ihm, zum nächsten Thronsaal-Konzert Anfang März jenen komischen Musiker herbeizuschaffen, den die Kritik so einhellig als «Entdeckung der Saison» angepriesen habe.

«Meinen Sie den jungen Mann, *My Leader*, den die Opposition THE KING nennt?» fragte der Generalsekretär.

«Genau den», sagte Dr. Schrot.

Der König verlebte glückliche Tage.

Nach dem Frühstück übte er meistens ein bißchen Gitarre. Wenn der Müller zum Saxophon griff, ging der König mit Caroline über die matschigen Feldwege spazieren. Die Nachmittage verbrachte der selige Untermieter gewöhnlich in seinem Zimmer. Er döste auf dem Bett, las oder schaute einfach aus dem Fenster. Erst nachts, wenn Vater Müller und Caroline schon schliefen, setzte sich der König an den Tisch und versuchte, neue Songs zu schreiben. Das war ein mühsames Geschäft, und so manche Nacht verträumte der König bis zum Morgengrauen unter der Lampe, ohne daß er eine einzige Zeile beziehungsweise eine einzige Melodiephrase zu Papier brachte.

Eines Nachts gegen zwei Uhr – wieder einmal wollte dem König partout nichts Rechtes einfallen – klopfte es leise an die Tür. Es war die Müllerstochter.

«Komm, sei kein Frosch», sagte sie zärtlich und zog den sprachlosen König in ihre Schlafkammer.

Später in derselben Nacht sagte der König: «Caroline, hättest du Lust, mit mir zusammen zu leben?»

«Wir leben doch zusammen», sagte Caroline und lachte ganz leise ins Ohr des Königs.

«Nein, ich meine, so richtig», sagte der König.

«Vielleicht, mal sehn», murmelte Caroline, «warum eigentlich nicht?»

Nach einer längeren Pause sagte der König: «Stell dir mal vor, ich wäre ein richtiger König.»

«O nein, hör auf, das wäre ja grauenhaft», stöhnte Caroline, «das wäre ent-setz-lich. Du als König und ich als Königin . . ., nein, da kommt's mir schon hoch, wenn ich nur daran denke. Immer nur fein sein, immer etepetete, immer Hofstaat machen, immer die Klunker am Hals und die Krone auf dem Kopf, in der doofen Kutsche rumfahren und den armen Leuten zuwinken ... nee danke. Und dann diese bescheuerten Idioten jeden Tag, die Hofräte, die zickigen Hofdamen, die ganze Spießerbande. Pfui Teufel!» Sie seufzte. «Nein, wirklich nicht. Mit dieser Szene möchte ich nichts zu tun haben. Igitt.» Sie gab dem König einen kleinen Kuß ins Ohr. «Dann schon lieber einen richtigen Musikanten, so wie du.»

Noch ein bißchen später sagte sie leise: «Du mußt jetzt ganz schnell in dein Zimmer gehen, bevor mein Vater zum Wecken auftaucht. Bis nachher. Pssst!»

«Bis nachher, Liebste», flüsterte der König und ging auf Zehenspitzen in sein Zimmer.

Er setzte sich an den Tisch und vergrub den Kopf in den Händen. ‹Früher oder später wird sie alles erfahren›, dachte er verzweifelt.

Der König starrte in den naßgrauen Nebelmorgen. Die Tränen stiegen ihm in die Augen. Er holte ein Blatt Papier und einen Umschlag hervor und begann zu schreiben.

Als er nach langem Zögern endlich den letzten Satz hingeschrieben hatte, faltete er das Blatt zusammen, klebte dann den Umschlag sorgfältig zu, adressierte ihn mit *Frl. Caroline Müller, persönlich*, und legte ihn mitten auf den Tisch. Rasch packte er seine Sachen zusammen, warf einen letzten Blick auf Charlie Parker und verließ die Mühle, ohne daß ihn jemand hätte hören können.

Am nächsten Vormittag klopfte ein Kurier des Ersten Vorsitzenden an die Tür der Mühle.

Der Kurier schnatterte im Schneeregen, er hatte einen weiten Weg hinter sich, er war hundemüde und stocksauer. Vier volle Tage hatte er gebraucht, um die Adresse dieses dämlichen Musikers herauszufinden. Ungeduldig klopfte er noch einmal.

Die Tür wurde geöffnet.

«Wohnt hier ein Musiker, den man ...» der Kurier warf einen Blick in sein Notizbuch, «den man THE KING nennt?»

«Nein, der wohnt nicht mehr hier», sagte die Müllerstochter mit roten Augen.

«Dann sagen Sie mir, wo er jetzt wohnt», verlangte der entnervte Kurier.

«Keine Ahnung», sagte das Mädchen und schlug dem Kurier die Tür vor der Nase zu.

Der König war todunglücklich.

Seit Tagen lief er ziellos durch die Gegend. Er aß nichts mehr vor Kummer, er konnte nachts nicht schlafen, und aufs Musikmachen hatte er schon gar keine Lust. Es war am ersten Wochenende im März. Der König beschloß, den Samstagabend in jener Studentenkneipe zu verbringen, in der er Caroline zum erstenmal getroffen hatte. ‹Vielleicht kommt sie›, dachte er sehnsüchtig.

Er würde ihr alles gestehen; daß er in Wirklichkeit ein König sei; daß er nicht den Mut gehabt hatte, sich zu seiner Vergangenheit zu bekennen. Er wollte sie um Verzeihung bitten wegen seiner feigen Flucht. Er wollte ihr den Vorschlag machen, mit ihm ins Ausland zu gehen. Irgendwie würden sie sich durchschlagen, zusammen.

Der König versuchte sich zu erinnern, wie er damals zu der Studentenkneipe gekommen war.

Plötzlich hielt eine schwarzverhängte Kutsche neben ihm. Auf der Tür erkannte der König das Staatswappen. Der Kutscher sprang vom Bock und verstellte dem König den Weg. «Sind Sie der KING?» fragte er.

«Ja», antwortete der König.

«Im Namen des Ersten Vorsitzenden», sagte der Kutscher sehr amtlich, «steigen Sie ein!»

«Ja, aber ...» stotterte der König.

«Kein Aber. Steigen Sie ein. Schnell. Sie bekommen alles auf der Fahrt erklärt.»

Der König stieg in die Kutsche. Drinnen saß der Kurier und sagte: «Gott sei Dank, daß wir Sie gefunden haben. Es wurde höchste Zeit. Heute abend steigt im Thronsaal ein Gala-Konzert mit der Band unsres verehrten Vorsitzenden Dr. Schrot. Sie sind der Gast*star*.»

Es tat einen heftigen Ruck, und die Kutsche raste los.

Dreißig Minuten vor Konzertbeginn ging der Erste Vorsitzende fuchsteufelswild in der Garderobe auf und ab. Sein Generalsekretär stand bleich neben der Tür.

«Wo bleibt dieser KING?» brüllte Dr. Schrot. «Ich habe Ihnen befohlen, ihn herzubringen. Also, wo ist er? Antwort!»

«Ich habe Kuriere ausgeschickt, *My Leader*, schon vor einer Woche», sagte der Generalsekretär tonlos.

«Sie Trottel!» schrie der Erste Vorsitzende. «Sie erbärmlicher Versager!»

Dann ging er schnell auf den Generalsekretär zu und hob drohend den Zeigefinger. «Draußen warten die Leute, es ist voll», sagte er leise durch die Zähne, «wir haben das Fernsehen hier, *Live*-Übertragung. Der Hörfunk ist ebenfalls angeschlossen.» Übergangslos schaltete er auf höchste Lautstärke. «Wissen Sie, was das bedeutet??» Dann wieder gefährlich leise: «Wenn dieser King nicht bei Konzertbeginn auf der Bühne steht –» jetzt höllisch laut «– dann können Sie Ihren debilen Kopf unterm Arm nach Hause tragen!! Abtreten!!!»

Der Generalsekretär entwich.

Dr. Schrot wanderte in höchster Erregung auf und ab. Jacob bohrte in der Nase und überlegte, was das Wort «debil» wohl bedeuten könnte.

Harvey («Heavy Metal») Block trank sein fünftes Bier aus, stieß genüßlich auf und sagte mit Grabesstimme: «Obst-salat.»

Fünf vor acht. Dr. Schrot blickte auf die Uhr. Plötzlich wurde die Tür aufgerissen, der schweißüberströmte Generalsekretär stürzte herein und rief atemlos: «Sie haben ihn! In fünf Minuten ist er hier!»

Als der König im Schlepptau des Kuriers durch die allzu vertrauten Gänge des Schlosses Richtung Thronsaal hastete, schossen ihm tausend wirre Gedanken durch den Kopf. ‹Caroline›, dachte er immer wieder, ‹ach, Caroline.› Inständig hoffte er, niemand würde ihn erkennen. Dann wäre alles aus. Er würde Caroline nie mehr wiedersehen.

Hoffentlich blieb noch Zeit, dem Henker und Prinz

Jacob ein Zeichen zu geben oder ihnen alles zu erklären. Was Dr. Schrot anging, so konnte er nur hoffen, daß ein Wunder geschehen würde. Vielleicht hatte er Glück und der Hofrat – nein: der Erste Vorsitzende war mit seinen machthungrigen Gedanken woanders. Vor der Garderobe traf der König mit Dr. Schrot, dem Henker und dem Prinzen zusammen.

Dr. Schrot blickte ihn an.

«Na endlich», sagte er, «es wurde auch Zeit. Los, wir müssen auf die Bühne.»

«Was spielen wir überhaupt als erstes?» fragte Jacob.

«Satisfaction», antwortete Dr. Schrot. «Das kann jeder.»

Ein gewaltiger Jubel brach im Thronsaal aus, als das Hardrock-Trio und der *Star*gast die hellerleuchtete Bühne betraten. Die Fernsehkameras waren auf den KING gerichtet.

‹Caroline›, dachte der König und hatte einen Kloß im Hals.

Es gab kein Zurück mehr.

Der König war dem Schicksal ausgeliefert, was auch immer kommen mochte.

Hoffentlich, hoffentlich erkannte ihn niemand. Hoffentlich.

Von den Scheinwerfern fast geblendet, trat der König ans Mikrofon. Wie im Traum hörte er, wie der Henker hinter ihm laut die Eröffnungsnummer anzählte.

«One---Two---One-Two-Three-Four.»

«I Can't Get No –» sang der König und dachte an Caroline. Ob sie vielleicht jetzt gerade vor dem Fernseher saß? Was sie wohl gedacht haben mochte, als sie seinen Brief fand? Er hatte sie um Verzeihung gebeten, mit Worten, die ihr rätselhaft erscheinen mußten. Ob sie vielleicht ahnte ...

Es war passiert. Zu spät. Der König hatte die kleine Pause zwischen «I Can't Get No –» und «– Satisfaction» um eine entscheidende Sekunde überzogen. ‹O Himmel, NEIN›, war das einzige, was er noch denken konnte.

Die Musik schleuderte ein paar Takte lang haltlos durcheinander, dann war Stille.

Deutlich hörte man das Surren der Fernsehkameras.

Dr. Schrot starrte den König an wie ein Gespenst.

«ES LEBE DER KÖNIG!» schrie in diesem Moment der Henker, ohne auch nur eine Sekunde lang über die politische Tragweite dieser Parole nachzudenken.

Tumult brach aus. Chaos. Panik. Jubel.

Der ganze Thronsaal schrie wild durcheinander. Die schwitzenden Kameraleute witterten die Chance ihres Lebens und hielten auf den König.

Harvey («Heavy Metal») Block sprang hinter seinem Schlagzeug hervor, umarmte den König und zog ihn zum Mikrofon.

«ES LEBE DER KÖNIG!» brüllte der Henker noch einmal mit gurgelnder Stimme. «Erkennt ihr unsern König, Leute? – Das ist unser König! – Er lebe hoch!»

«ER LEBE HOCH!» röhrte die Menge tausendfach zurück.

Dem König war schwindlig. Er konnte kaum etwas erkennen im gleißenden Scheinwerferlicht. Irgendwie registrierte er, wie er von begeisterten und jubelnden

Leuten hochgehoben und auf die Schultern genommen wurde. Alles schrie immer wieder «ES LEBE DER KÖNIG!»

Pater Michael erschien auf der Bühne und winkte dem König zu, hinter ihm Nippo Lauch und Marie-Johanna. Der König kam wieder auf die Beine, weiß der Teufel warum, und im selben Augenblick hörte er, wie der Pater die kernigen Einleitungsakkorde zu «Feelin' All Right» in die Tasten drosch. Die Rhythmusgruppe fiel ein, und ab ging die Post.

«Feelin' All Right», sang der verwirrte König mit Tränen in den Augen.

«I'm just feelin' so good myself», grölte der Saal zurück. Und plötzlich wußte der König, was er zu tun hatte.

Die Band spielte wie besessen. Keiner vermißte die Gitarre von Dr. Schrot, dem es gelungen war, im allgemeinen Tumult zu entkommen.

Es wurde eine hinreißende Session, eine jener Sternstunden, von denen wir alle unser Leben lang träumen. Das Fernsehen überzog die Live-Übertragung um satte vier Stunden, ließ die Tagesthemen, die Ami-Krimis und die Bonner Runde hemmungslos ausfallen, das Wort am Sonntag sowieso, und die hingerissene Nation am Bildschirm erlebte den König in absoluter Bestform, *live*.

Nach der fünften Zugabe – die Zuhörer im Saal tobten immer noch wie die Verrückten – gelang es den Musikern endlich, von der Bühne zu kommen.

Ein übereifriger Fernsehreporter drängelte sich energisch durch die Menge, die den König umlagerte, hielt ihm ein Mikrofon vors Gesicht und rief heiser durch den Lärm: «Möchten Majestät vielleicht ein Wort zu unsern Zuschauern sagen?»

«Allerdings», antwortete der König und wischte sich den Schweiß von der Stirn. «Ich möchte gerne etwas sagen.»

Am nächsten Mittag erwachte der König mit bleiernem Schädel.

Wo war er?

Er versuchte sich aufzurichten. Das Dröhnen im Kopf nahm verheerende Ausmaße an. Der König legte sich aufs Bett zurück.

Aua. Jetzt blickte er langsam wieder durch.

Er befand sich im Schloß, in seinem «königlichen» Schlafgemach.

Der Wahnsinnsbrummschädel stammte von der gewaltigen Feier letzte Nacht. Bis in den frühen Morgen hatten sie gesoffen und geredet. Um acht Uhr hatte der König zutiefst berauscht den Thronsaal verlassen (müssen), in seiner trüben Erinnerung sah er noch die geröteten Gesichter von Harvey («Heavy Metal») Block und von Pater Michael, die hinter ihm hergrölten, er solle dableiben, schließlich sei er lange genug weggewesen. Pater Michael hatte ihm kurz zuvor bewegt die Hand gedrückt und mit sengender Alkoholfahne ausgerufen: «Das war die beste Idee, die du jemals in deinem Leben gehabt hast. Ich bin stolz auf dich!»

Es klopfte leise an die Tür.

Behutsam brachte Frau Alice Block ein großes Tablett

mit Kaffee, Rühreiern, Schinken, Brötchen, Pflaumenmus und Honig, einem großen Glas Milch, einer Kanne Orangensaft und einer Flasche Mineralwasser an das Bett des Königs.

«Guten Morgen», sagte sie freundlich.

«Guten Morgen, Frau Block», sagte der König.

«Sie werden sich wundern, wie viele Glückwunschtelegramme schon gekommen sind», sagte Frau Block. «Aber erst mal guten Appetit!»

«Danke», sagte der König.

Dabei fiel ihm zum erstenmal auf, daß er ja gar kein König mehr war. Denn schließlich hatte er gestern nach dem Konzert vor den versammelten Fernsehkameras die Republik ausgerufen.

Er beschloß, gleich nach dem Frühstück einen Brief an Caroline zu schreiben.

‹Sie hat recht›, dachte er, ‹Musiker ist tausendmal besser als König.›